KB214131

위쪽^{으로}
떨어지다

Falling Upward
A Spirituality for the Two Halves of Life

....

책에 인용된 모든 성경 구절은 '예루살렘 바이블' '뉴 아메리칸 바이블' '메시지 성경' 등을 조합
해 저자가 번역한 것이다.

위쪽으로 떨어지다

Falling Upward
A Spirituality for the Two Halves of Life

인생의 전반기와 후반기를 위한 영성

리처드 로어 지음 / 이현주 옮김

국민북스

내 인생 전반부에 나를 영적으로
잘 단련시켜, 더 멀고 더 환상적인
여정으로 들어갈 공간과 바탕을
마련해 준 프란체스코 수도자들과
형제들에게 이 책을 바친다.

'더 먼 여정'에로의 초대

인생 후반부로 들어가는 여정은 항상 우리 모두를 기다리고 있다. 그러나 늙지 않는 사람이 없건만 모두가 그 길을 가는 건 아니다. '더 먼 여정'(further journey)은 몇 가지 이유로 잘 보존되어 온 비밀이다. 많은 사람이 그런 게 있는 줄도 모른다. 그것을 알고 있는 사람, 그것에 대하여 우리에게 말해주는 사람 또는 그것이 인생 전반부의 여정과 다른 것임을 아는 사람이 참으로 드물다. 그런데 어쩌자고 나는 지금 그 길을 조금이나마 밝히려고 하는 것인가? 어쩌자고 그것에 대하여 뭘 좀 아는 척하려는 것인가? 아직 자신의 첫 번째 여정을 가고 있는 사람들, 그것도 행복하게 가고 있는 사람들에게 어쩌자고 이런 글을 읽히겠다는 것인가?

내가 이 글을 쓰게 된 것은 40여 년 세월 프란체스코 수도회의 교사로서 여러 나라, 지역, 현장, 기관들에서 일하는 동안 대부분은 아니더라도 많은 사람과 집단들이 인생 전반부에 매달려 오도 가도 못하고 막혀 있는 것을 보았기 때문이다. 무슨 말이냐 하면 대부분 사람들의 주된 관심사가 자기의 정체성을 찾아 세우고, 남들과 달라지려(또는 남들보다 우월해지려) 노력하고, 안전하고 살기 편한 곳을 찾아다니고, 중요한 사람이나 프로젝트와 연결되는 데 머물러 있다는 얘기다. 물론 그런 일들은 어느 정도 좋은 것이고 필요한 일이기도 하다. 우리 모두 그리스 철학자 아르키메데스의 '지렛대와 그것을 세울 장소'를 찾아서 이 세계를 조금이라도 움직여보려고 한다. 우리가 이 중요한 임무를 감당하지 않으면 세계는 훨씬 더 고약하게 나빠질 것이다.

하지만 내 생각에 **이 전반부 인생**(first half of life)**의 임무는 출발하는 문을 발견하는 것에 지나지 않는다. 그것은 그저 준비운동일 뿐 아직 완전한 여정이 아니다. 뗏목이다. 건너편 기슭이 아니다. 더 먼 여정이 기다리고 있음을 알면 당신은 준비운동을 아주 다르게 할 것이고, 그러면 뒤에 오는 것을 더 잘 맞이할 수 있을 것이다. 나이에 상관없이 사람은 자기 인생의 전체 그림을 알아야 하며, 그것이 어디로 향하고 있는지를 마땅히 알아야 한다.**

우리는 그 길을 먼저 간 사람들의 분명한 증언과 초대, 우리를 그리로 부르는 성스러운 문서들, 이미 새 경지에 들어가 있는 사람들이 보여주는 모습, 그리고 슬프게도 전혀 움직일 생각조차 없어 보이는 사람들을 통하여, 인생에 더 먼 여정이 있음을 알게 된다. 그것은 일종의 약속 또는 희망, 매력적인 초대처럼 보인다. 우리는 그리로 가라는 권유를 받았지 명령을 받은 게 아니다. 저마다 독특한 자기 삶의 난삽하고 거친 재료들을 가지고서 자유롭게 가야 하는 길이 그 길이기 때문이다. 모든 사람이 그 길을 반드시 가야 하는 것도 아니고 혼자서 가야 하는 것 또한 아니다. 더 먼 여정에는 도처에 안내표시판들이 있고 경고판이나 개인적인 안내원들도 있다. 내가 이 책에서 그것들을 조금이라도 제공할 수 있었으면 한다.

이 모든 자료들이 나에게 첫 번째 여정에 놓인 암층(岩層, terrain)과 함께 더 먼 여정의 암층, 무엇보다도 필요한 선로 전환(crossover) 지점들이 표시된 지도를 그려보고 싶은 마음과 용기를 안겨준다. 이 책의 중간 제목들에서 볼 수 있듯이 나는 선로 전환 지점들을 '필요한 고통'으로, '걸림돌에 걸려 넘어짐'으로, 수많은 '그림자 복싱'(shadowboxing)으로, 자기 자신을 위한 또는 내가 '향수병'(homesickness)이라고 부르는 것에 대한 끝없는 욕망으로 본다.

나는 당신이 이 지도의 진실성을 알아보리라고 믿는다. 그러나 그것은 거울에 비추어 보듯이(고린도전서 13:12) 희미하게(아울러 그만큼 밝게) 볼 수 있는 영혼의 진실이다. 우리가 그것을 비추어보는 거울은 사람 손으로 만들어진 물건이다. 모든 영적 언어들이 은유와 상징일 수밖에 없다. '빛'(the Light)은 사방에서 오지만 저마다 자기 길을 가는 우리를 통해서 반사되어야 한다. 최근 케이프타운에서 만난 데스몬드 투투 주교가 나에게 말했다. "리처드, 우리는 전구일 따름이오. 우리가 할 일은 콘센트에 끼워져 있는 것뿐이지."

나는 하나님이 우리 자신의 '원죄 없는 잉태' 때에 우리의 영혼, 우리의 가장 깊은 정체, 우리의 '참 자아'(True Self),[1] 우리만의 독특한 청사

진을 이미 주셨다고 믿는다. 우리 각자의 특이하고 작은 천국(heaven)
이 조물주에 의해서 세상이 처음 만들어질 때 이미 설치되었다. 그것
을 발견하고 선택해 우리 운명을 꽉 채워 살아내라고 우리에게 주어진
시간은 겨우 한 평생 수십 년밖에 되지 않는다. 그 안에 해내지 못하면
우리의 '참 자아'가 지금 우리가 지니고 있는 이런 모양으로는 두 번 다
시 자기를 나타내지 않을 것이다. 아마도 그래서 거의 모든 종교들이
'천국과 지옥'이라는 부담스러운 용어를 써가며 이 문제를 제기하는지
모르겠다. 자기 영혼을 발견하는 일은 우리 자신과 이 세상을 위하여
매우 어렵지만 중요하고 절실한 과제다.

우리 영혼은 우리가 만들거나 창조하는 것이 아니다. 우리는 그저
그것을 '성숙'시킬 따름이다. 우리는 우리 영혼의 서투른 청지기들이
다. 우리에게 주어진 임무는 깨어나는 것이다. 실은 자연스럽게 이루
어지는 성숙과 깨어남의 길에 방해가 되지 않는 법을 배우는 것이 영
성 수련의 주요 과제다. **"하늘에 감추어져 있는"**(콜로새서 3:3) **근원적 삶
으로 돌아가기 위해 우리에게 필요한 것은 그동안 배워서 알고 있는 것
들을 지우는 작업이다. 그렇다. 변화는 배움**(learning)**보다 배운 것을 지
움**(unlearning)**에 더 많이 연관된 것이다.** 세계의 종교들이 그것을 '회심'
또는 '회개'라고 부르는 이유가 여기에 있다.

나에게는 그 누구보다 완벽하게 이 진실을 노래한 시인이, 문자 그
대로 아무도 흉내 낼 수 없는, 제라드 맨리 홉킨스다. 그는 '던스 스코
투스—영감에 찬 시, 물총새가 불을 잡듯이'에서 이렇게 노래한다.[2]

모든 죽게 되어 있는 사람들이 저마다
한 가지 똑같은 일을 한다.
자기가 머무는 방 안에 있는 것으로 거래하고,
자아, 곧 저 자신을 가리키면서,
'나'라 말하고, 그것으로 주문(呪文)을 건다.
"내가 하는 것이 곧 나"라고,
"그 일 때문에 내가 왔노라"고,
눈먼 아우성이다.

　우리가 하나님께 돌려드릴 수 있고 하나님이 우리 모두에게서 받고자 원하시는 것은 겸손하면서 오만하게 본디 우리에게 주어진, 그래서 본디 우리 것인 그분의 작품(product)으로 돌아가는 것이 전부다.

　나는 성자들과 신비한 스승들의 말을 믿는다. 그래서 하는 말인데, 이 완성된 작품은 우리 자신보다 하나님에게 훨씬 더 값진 물건이다. 그 '신비'가 무엇이든 간에 우리는 누가 뭐래도 하나님의 작품이기에 끊임없이 모든 것을 주고받으며 살아간다! **참 종교는 우리가 그것을 부인하거나 회피하려고 아무리 애를 써도, 우리 자신이 처음부터 아주 좋은 어떤 것에 '동참'되어 있음을 깊이 직관한다.** 실제로 현대 신학의 탁월한 공헌은 단순하게 관찰하고 확인하며 윤리도덕을 세우고 특정 집단에 소속되는 일반 종교에 반대하여, 강력한 '동참에로의 전환'(turn toward participation)을 보여준다는 점에 있다. 새삼스레 결합할 무엇이 없다. '동참자'로서 인식하고 괴로워하며 즐길 무엇이 있을 따름이다.

당신은 '영원한 흐름' 안에 이미 들어와 흐르고 있다.

우리가 자신의 '참 자아'를 발견하느냐 못하느냐의 문제는 우리 모두에게 할당된 시간의 순간들(moments of time), 그리고 그 시간 동안에 우리가 받고 선택하는 자유의 순간들(moments of freedom)에 달려 있다. **인생은 우리가 준비되면 그 안에서 더 깊은 '나'가 천천히 저를 드러내어 보여주는 축적된 순간들로 만들어진 '대단한 걸작'이다. 우리 영혼의 모습을 그대로 보여주는 '내면의 청사진'을 포착하여 그것을 세상과 하나님께 사랑과 봉사로 겸손히 돌려드리는 것이야말로 우리의 궁극적 관심사다.** 모든 사물과 모든 사람이 어떤 값을 치르더라도 자기 본성을 옹글게 실현해야 한다. 그것이 인생의 목적이며 "자연법대로 살다"라는 말의 가장 심오한 의미다. 우리는 처음부터 우리에게 주어진 것을 완전하며 자발적으로 돌려주려고 지금 여기 있다. 어쩌면 그것이 우리가 앞으로 이루게 될, 그리고 그것에 우리 인생의 전반과 후반이 모두 투여되는 가장 용감하고 자유로운 행동일지 모르겠다. **인생 전반부에는 대본을 발견하고 인생 후반부에는 그것을 실제로 베껴서 간직하는 것이다.**

그러니 이제 그것을 위해 당신이 태어난 위대한 모험에 뛰어들 준비를 하자. 애당초 우리에게 주어진 작은 천국에 들지 못하면 우리 인생은 별 의미 없는 것으로 되고, 그러면서 자신의 '지옥'만 계속 만들 뿐이다. 그러니 이제 어떤 새로운 자유, 어떤 위험한 수용, 어떤 터무니없는 희망, 어떤 기대치 않은 행복, 어떤 걸림돌, 어떤 급진적 은총, 당신과 고통 받는 세상을 위한 새롭고 절실한 어떤 책임에 뛰어들 준비를 하자.

머리말

젊은이에게는 당연한 목표인 것이 늙으면 신경장애(neurotic hindrance)로 된다.

칼 융

지혜로운 사람은 젊어지기를 바라지 않는다.

아메리카 원주민 속담

인간의 삶에 두 가지 중요한 임무가 있음은 여러 차원에서 입증이 된다. 첫 번째 임무는 튼튼한 '컨테이너'를 짓는 것이고, 두 번째 임무는 거기에 담기로 되어 있는 내용물을 찾는 것이다. 첫 번째 임무를 인생 목표로 설정하는 것에 대해 우리는 당연하다고 생각한다.(그렇다고 해서 그 임무를 잘 감당한다는 뜻은 아니다.) 두 번째 임무는, 그것을 찾아내기보다 그것과 만나지는 것이다. 어떤 사람이 사전에 계획을 세우고 목표를 정해 열심히 노력하여 거기(두 번째 임무)에 도달하는 경우는 거의 없다. 그러니 '미리 그 경지로 안내할 준비를 한다는 게 무슨 의미가 있을 것인가'라며 수상쩍게 여길 수도 있겠다. 하지만 바로 그 때문에 우리는 이 작업을 해야 한다. 우리 모두에게 무엇이 다가오고 있는지, 장차 무엇이 제공될 것인지를 아는 것은 치명적으로 중요한 일이다.

우리는 성공적으로 살아남는 데 주된 관심을 두는 '전반부 인생'의 문화 속에 살고 있다. 거의 모든 문명과 개인들이 여태까지 자기 발전을 도모하는 전반부 인생에 시간을 모두 써왔다고 해도 과언이 아니다. 우리는 삶이 먼저 우리에게 넘겨준 임무인 자기 정체성, 가정, 인간관계, 친구, 공동체, 생활 안정 그리고 자신의 삶을 위한 적절한 무대를 설치하는 일에 전념하고 있다.

그러나 내가 '임무 안의 임무'(the task within the task)라고 말하는 그것을 발견하려면 많은 시간이 필요하다. "지금 우리가 하는 일을 할 때 우리가 진정으로 하는 일은 무엇인가?"(What we are really doing when we are doing what we are doing?) 두 사람이 같은 일을 하는데 하나는 그 일에 작든 크든 긍정적인 생명 에너지(eros)를 쓰고, 다른 하나는 작든 크든 부정적인 죽음 에너지(thanatos)를 쓴다. 우리 대부분은 이 둘 사이 어디쯤에 있지 않나 생각된다.

실제로 우리는 다른 사람의 말이나 행동보다 그의 에너지에 반응한다. 범사에 당신이 실제로 하고 있는 일은 에너지를 주고받는 것이다. 누구나 즐거움과 괴로움의 차이를 느낄 수 있다. 그런데 그런 느낌들 속에서 정확하게 무슨 일이 벌어지고 있는 지를 말할 수 있는 사람은 거의 없다. 나는 왜 끌리는 느낌 또는 내쳐지는 느낌을 받는 것일까? 물론 우리 모두가 남들에게서 받고 싶은 것은 '에로스'라는 이름의 생명 에너지다! 그것은 언제나 사물들을 끌어당기고 창조하고 연결시킨다.

나쁜 나무들에서 좋은 나무를 가려내려면 그 열매를 보아야 한다는(마태복음 7:20) 예수의 말에 담긴 뜻이 이것이다. 생명 에너지 안에 있는 개인이나 집단은 창조적이고 활기찰 것이다. 죽음 에너지 안에서는 험담, 조롱, 불신, 업신여김 따위가 모두의 행동거지에 숨어 있을 것이다. 그런데도 당신은 지금 당신에게 무슨 일이 일어나고 있는지를 정확하게 짚어내지 못한다. 그것은 후반부 인생(second half of life)의 지혜, 또는 바울이 말하는 "성령의 활동을 가려내는 힘"(고린도전서 12:10)이다. 이 책이 그런 분별과 지혜를 가르치는 교실일 수 있기를 희망한다.

'임무 안의 임무'에 주목하고 그 안에서 순결함(integrity)을 추구할 때부터 우리는 전반부 인생에서 후반부 인생으로 옮겨가기 시작한다. 여기서 말하는 순결함은 자신의 의도를 깨끗하게 청소하고 자신의 동기에 정직해지는 것을 의미한다. 쉬운 일은 아니다. 대부분의 경우 우리는 하던 일에서 크게 실패하거나 몰락을 경험하기까지는 임무 안의 임무에 별로 주의를 기울이지 않는다.

인생이란 우리가 그것에 대해 정직하다면, 그것들을 통해 스스로 자라고 자신의 목적을 성취할 수 있는 많은 실패와 몰락으로 이뤄지

는 것이다. 그러므로 실패와 몰락에는 나름의 목적이 있지만 많은 사람들이 그 목적을 충분히 이해하지 못하고 있다. 대부분 사람들은 실패를 하면 당황해한다. 그러나 그럴 것 없다. 내가 겪어본 바로는, '인생이 바라보고 나아가는 방향'이나 '연속으로 발생하는 일들'을 조금만 더 분명하게 알아볼 수 있으면 많은 질문과 딜레마가 풀릴 것이다. 힘든 인생 여정 자체를 피할 수 있다는 말이 아니다. 자기를 포함하여 모든 것이 그 안에 들어 있는 '큰 그림'을 보게 되기까지, 우리는 저마다 자기 발로 자기 인생길을 걸어야 한다.

이 책을 '길 위의 조언' 정도로 부르는 게 좋겠다. 길 가는 이들에게 조금이나마 도움이 되고 싶을 따름이기 때문이다. 아니면 장차 닥칠지 모르는 심장마비 증세를 미리 설명해 주는 의료용 안내 책자 같은 것일 수도 있다. 건강한 몸으로 그런 책을 읽는 것이 시간낭비로 여겨질 수 있겠지만, 실제로 심장마비가 일어나면 죽느냐 사느냐가 바뀔 수 있는 문제다. **당신 인생의 후반부는, 그것이 심장마비가 아니기를 바라지만, 언제고 당신에게 닥칠 것이다. 이것이 나의 분명한 가설이다.**

방금 당신이 후반부 인생으로 들어갈 것이라고 말했지만, 당신 나이를 염두에 두고 한 말은 아니었다. 일찌감치 힘든 고통을 통하여 배운 사람은 젊은 나이에 이미 거기에 들어가 있고, 나이는 많지만 여전히 철부지 어린애 같은 늙은이들도 있다. 정신으로나 육신으로나 당신이 아직 전반부 인생을 살고 있다면 이 책에서 여러 좋은 안내와 경고를 읽고 어디까지 수용하고 어디까지 나아갈 것인지, 또 무슨 일들이 가능한지 등에 관한 정보를 얻었으면 좋겠다. 후반부 인생에 이미 접어들었다면 이 책에서 적어도 당신이 미친 게 아니라는 사실을 확인하고, 당신의 옹근 인생 여정을 마치기 위해 필요한 자양분을 얻었으면 한다.

우리 가운데 누구도 자기 힘만으로 선택해 영적 성숙의 경지에 들지 못한다. 종교인들이 '은총'이라고 부르는 어떤 '신비'(the Mystery)가 우리를 그리로 데려가는 것이다. 대부분의 우리는 꾐에 빠지거나 매력에 끌려서 그 속으로 들어간다. 아니면, 믿거나 말거나, 야곱이 간교한 속임수로 장자의 권리를 차지하고 에서가 실수로 그것을 잃은 것 같은, 일종의 '범법 행위'(transgression)에 의해 그 속으로 떨어진다. 전반과 후반의 인생 여정을 옹글게 걷는 사람을 성경은 '부름 받은 자' 또는 '선택된 자'라 부르고, 신화나 일반 문학에서는 '팔자를 타고난 자' 또는 '운명이 정해진 자'라고 부른다. 이런 사람들은 '자기보다 크고 높은 무엇'의 초대를 받고 은총과 용기의 도움으로 그것을 찾아 길을 떠난다는 공통점을 지닌다. 다른 누구로부터 그 길을 보장받지도 않는다. 자기가 전적으로 옳다는 확신 또한 어디에도 없다. 그렇게 길을 떠나는 것은 언제나 신앙의 도약이고 위험천만한 일이며 하나의 모험이다.

익숙한 것과 길들여진 것이 하도 강력하게 우리를 속이기 때문에 우리는 거기에다가 영구적인 집을 마련하려고 한다. 새로운 것은 언제나 익숙하지 않고 낯설다. 그래서 하나님, 인생, 운명, 고통이 우리를 밀어야 한다. 그것도 아주 세게 밀어야 한다. 안 그러면 한 발짝도

움직이려 하지 않을 것이다. 누군가 우리에게 **집이란 그 안에 살기 위해 있는 것이 아니라 거기에서 나오기 위해 있는 것**임을 분명히 가르쳐주어야 한다.

대부분의 우리는 잘 알고 익숙한 것에서 나와 더 먼 여정으로 들어가야 한다는 말을 누구로부터도 듣지 못했다. 교회를 포함해 우리가 속해 있는 기관들은 거의 전적으로 전반부 인생에 맡겨진 임무를 더 잘할 수 있도록 우리를 격려, 지원, 보상한다. 충격적이고 실망스럽지만 사실이다. 우리는 성장보다 생존을 위하여 더 많이 수고한다. 정상에 무엇이 있는지, 또는 바닥에 무엇이 있는지 알아보기보다 일단 정상으로 올라가는 일에 몰두한다. 토머스 머튼이 말하듯 **평생을 바쳐 성공의 사다리를 꼭대기까지 올랐는데 막상 오르고 나서 보니 그 사다리가 엉뚱한 벽에 걸쳐 있더라는 얘기다.**

대부분의 우리는 전반부 인생을 살면서 뭔가 다 채워지지 않았다는 느낌을 받는다. 느낌 정도가 아니라 사실이 그렇다! 저마다 자기 집을 지으라는 말은 들었지만 아늑한 거실이나 편리한 부엌, 에로틱한 침실은 어떻게 할 것이며, 특히 은밀한 기도실을 어떻게 마련할 것인지에 대하여는 아무 설계도 없고 그런 힌트조차 받은 바 없다. 대부분은 아니라도 많은 사람이 벽돌과 시멘트로 '생존'이라는 첫 단계를 다지는 데 몰두하면서 내가 인생 자체의 '통일장'(the unified field)이라고 부르는 것에는 관심을 두지 않는다. 현명한 안내자 빌 플로트킨의 표현에 따르면, **많은 사람이 '생존의 춤'은 열심히 배우는데 정말 춰야 할 '성스러운 춤'은 아예 배울 생각조차 하지 않는 것이다.**

오르막길과 내리막길

영혼에는 많은 비밀이 있다. 그것들은 알고 싶어 하는 사람에게만 드러난다. 하지만 누구도 그것을 알아내라고 강요받지 않는다. 그중 가장 잘 감추어진 비밀, 그러면서도 바보 아니면 알아볼 수 있는 비밀은 '오르막길이 곧 내리막길'이라는 것이다. 원한다면 '내리막길이 곧 오르막길'이라고 해도 좋다. 지구 계절의 변화에서 지구를 밝히고 따뜻하게 하기 위한 태양의 하루 6억 톤에 달하는 수소 폭발과 우리 몸의 신진대사에 이르기까지 모든 자연 현상에서 이 패턴이 명백하게 드러난다. '오르막-내리막 패턴'은 봄을 다시 오게 하려고 지옥으로 내려가 하데스와 결혼하는 페르세폰 이야기 같은 신화들에서도 이어진다.

전설과 문학에서의 거의 유일한 패턴은 무엇을 이루기 위해 다른 무엇을 희생하는 것이다. 파우스트 박사는 지식의 힘을 얻기 위해 영혼을 악마에게 팔아야 하고, 잠자는 공주는 왕자의 키스를 받기까지 백 년 동안 잠들어 있어야 한다. 성경에서 우리는 야곱이 이스라엘로 되기 위해 밤새 씨름한 끝에 뼈가 부러지는 이야기(창세기 32)를 읽는다. 그리스도교가 태어나기 위해선 예수의 십자가와 부활이 필요했다. 상실과 회복의 패턴은 하도 빈번하게 끊임없이 이뤄지는 현상이라 '비밀'이라 말하기 어려운 것이기도 하다.

그런데도 여전히 비밀인 것은 아마도 우리가 그것을 보고 싶어 하지 않아서일 것이다. 더 먼 여정이 내리막길처럼 느껴질 때, 우리는 그 길로 들어서려 하지 않는다. 특히 오르막길에 많은 수고와 열정을 쏟고 있을 동안은 더욱 그렇다. 많은 사람이 자신의 옹근 삶을 꽉 채워 살지 못하는 가장 크고 중요한 이유가 바로 여기에 있다. 전반부 인생의 목적이 성취되었는데도 뭔가 아직 모자란 느낌이 남아 있거나 성공 자체가 무너져 내려야 한다. 그러지 않으면 우리는 더 나아가지 않을 것이다. 무엇 때문에 그러겠는가?

직장 또는 명예를 잃거나 죽음을 경험하거나 집이 홍수에 떠내려가거나 큰 병을 앓아야 한다. 이 패턴이 너무나 분명한 까닭에 사람들은 더욱 분발하여 일하든지 아니면 일부러 게으름을 피워 그것들이 주는 교훈을 놓쳐버린다. 스캇 펙이 자신의 베스트셀러『아직도 가야할 길』(The Road Less Traveled)에서 보여준 가장 중요한 통찰이 바로 이것이었다. 한 번은 그가 나에게, 자기 눈에는 서양인들이 정신적인 게으름뱅이들처럼 보인다고 말한 적이 있다. 게으른 사람은 지금 자기가 가고 있는 그 길이 아무데로도 가지 않는 길인 줄 알았으면서도 그냥 그 길을 간다. 외부의 힘이 위로 끌어올리지 않으면 모든 물질이 아래로 내려간다는 물리학의 열역학 제2법칙이 정신적으로 적용된 것이다. 참된 영성은 '외부에서 미치는 힘'(outside force)으로 경험되게 마련이다. 하지만 놀랍게도 그것은 우리 안(inside)에서 발견된다. 뒤에 이 문제를 다시 다루게 될 것이다.

내가 '필요한 고통'이라고 부르는 어떤 종류의 몰락이 여정에 처음부터 설계되어 있다. 아담과 하와 이야기를 비롯하여 모든 설화들이 그것을 말해주고 있는 것 같다. 그렇다. 그들은 죄를 짓고 에덴동산에서 쫓겨났다. 그러나 바로 그 뒤를 이어 의식(意識)과 양심, 그리고 그들의 더 먼 여정이 따라왔다. 모든 일이 '범법 행위'와 함께 시작된 것이다. 성스러운 이야기에 익숙하지 않은 사람만 그들이 선악과를 따먹은 사실에 놀란다. 특별하게 하나님이 그것만 먹지 말라고 하실 때 벌써 우리는 그가 그것을 따먹으리라는 사실을 안다! 그리하여 그 안에서 우리 자신을 발견하게 되는 이야기 줄거리가 만들어지는 것이다.

그런 실패와 고통이 일어날 수도 있다는 말이 아니다. (보통 종교인들이 생각하듯이) 당신이 무슨 나쁜 짓을 하면 그런 일을 당하게 되는 것이라고, 그러므로 당신이 총명하고 올바르게 살면 피할 수 있는 것이라고 말하는 게 아니다. 아니다, 그렇지 않다! 그 일은 당신한테 일어날 것이다. 당신이 경험하는 상실, 몰락, 실패, 죄 그리고 고통은 반드시 있어야 하는 것들이고 길을 가는 당신을 위해서 좋은 것들이다. 내가 존경하는 노리치의 숙녀 줄리안이 중세 영어로 말했듯이, "죄는 있을 만해서 있는 것이다!"(Sin is behovely!)

인간은 죄나 실수를 피할 수 없다. 하지만 지나치게 그것들을 피하려 하면 더 나빠질 수 있다. 예수는 바리사이파와 세리(누가복음 18:9~14), 방탕한 둘째아들(누가복음 15:11~32) 이야기를 들려준다. 그 이야기에서 한쪽은 어떻게든지 바르게 살려고 애쓰지만 실제로는 잘못되고, 다른 쪽은 잘못을 범하지만 결국 하나님의 사랑받는 자로 바뀐다! 이 놀라운 사실을 유념하자. 예수는 이 패턴을 부인하거나 외면하려고 애쓰는 두 집단이 있다고 말한다. 재물 많은 부자들과 성스러운 종교인들이 그들이다. 이 두 집단은 저마다 자기들을 위한 이색적인 계획을 가지고 있어서 잘 마련된 여행 일정에 따라 자기네 배를 안전하게 운행하려 애쓰고 있다. 모든 '내리막길'을 피하여 언제 어디서나 '오르막길'만 가려는 것이다.

이렇게 '올라갔다가 내려갔다'가 하는 관점은 서양의 진보 철학이나 위로만 오르려는 우리의 욕망이나 흠 없는 성결을 강조하는 종교에 어울리지 않는다. 우리는 말한다. "그게 그렇지 않기를 바라자, 적어도 나에게만은!" 하지만 지혜 전승이라고 불리는 인류의 가장 오래된 전승은 그것이 그렇다고, 언제나 그럴 것이라고 말한다. 성 아우구스티누스는 그것을 '넘어가는 신비'(the passing over mystery)라고(또는 '유월절'의 히브리어 '페사크'에 어원을 둔 '파스카 신비'라고) 하였다.

오늘 우리는 엔진 역회전, 게임 계획 변경, 스스로 조립한 마차에서 떨어지기 등 여러 다양한 은유를 쓸 수 있을 것이다. 아무도 맨 정신으로 그런 반전(反轉)을 선택하진 않을 것이다. 우리는 어떻게든지 그리로 '떨어져야'(fall) 한다. 자신의 우월한 체제를 조심스럽게 유지해 가는 사람은 그런 일이 일어나도록 허용하려 하지 않을 것이다. 그것은 당신이 당신에게 하는 일이라기보다 당신한테서 일어나는 일이다. 때로는 자기 구원의 프로그램을 착실하게 실천하는 종교인들보다 무종교인들이 이런 변화에 더 잘 적응하는 모습을 보인다. "세속의 자녀들이 자기네끼리 거래하는 데는 빛의 자녀들보다 더 약다"(누가복음 16:8)는 예수의 수수께끼 같은 말씀이 이를 가리켜 하신 말이라고 나는 해석한다. 이 슬픈 현실에 대하여 말도 안 되는 소리라며 화를 내는 엄격한 그리스도인들과 성직자들을 나는 많이 만났다. 하지만 모든 종교들 안에서 실제로 사람들이 바뀔 때까지는, 그러지 않는 한, 예수의 이 말씀이 사실인 것 같다.

나는 이 책에서 아래로 떨어지고 위로 올라가는 것에 대한 메시지가 어떻게 실제로 세계의 모든 종교들, 특히 그리스도교에서 상식에 반하는 것으로 존재하는지를 서술코자 한다. 우리는 자신의 '잘한 행위'보다 '잘못한 행위'에 의해 영적으로 훨씬 더 성장한다. 영적 성장이 어떻게 이루어지는지를 말해주는 핵심 메시지가 이것이라고 할 수 있겠다. 그러나 우리 가운데 누구도 그것을 믿으려 하지 않는다. 나는 그것이 아직 남아 있는 '원죄론'의 유일하게 쓸모 있는 의미라고 생각한다. 처음부터 기름병에 파리가 들어 있었던 것 같다. 해결의 열쇠는 기름을 모두 쏟아버리는 데 있지 않고 그 안에 있는 파리를 어떻게 알아보고 처리하느냐에 있다!

인간의 완전함이라는 게 있다면 그것은 우리가 어디에나 있는, 특히 자기 자신한테 있는, 불완전함을 다루는 기술에서 생겨나는 것 같다. **하나님이 성스러움을 감춰두시기에 불완전한 인간보다 좋은 장소가 있을까? 그러니 오직 겸손하고 진지한 사람만이 그것을 발견하게 되는 것이다! 자기에게 불완전한 구석이 없다고 생각하는 사람이 아니라 자기와 남의 불완전함을 용서하고 끌어안는 그 사람이 '완전한 사람'이다.** 당신이 그것을 소리 내어 크게 말할 때 그것은 분명한 사실이 된다. **완전함을 요구하는 것이 선(善)의 가장 큰 적이라고 나는 본다.** 완전함은 수학의 개념 또는 신(神)의 영역에 속하는 개념이다. 선은 우리 모두를 내포하는 아름다운 인간적 개념이다.

많은 사람이 아픔을 부정하고 필요한 몰락을 회피함으로써 자신의 가장 깊은 영성에, 따라서 자신의 가장 높은 영성에 닿지 못한다. 전반부 인생의 종교는 언제나 여러 가지 모양으로 '순결성' 또는 우리를 모범적인 보이스카우트, 걸스카우트처럼 깨끗하고 분명하고 단결하여 위로 오르게 하기 위한 '금지법'을 제시한다. 어떤 종류의 순결과 자기 훈련은 물론 있을 만해서 있는 것들이다. 유대교의 토라가 말해주듯이, 적어도 전반부 인생을 사는 동안에는 그렇다. 나 역시 모범적인 보이스카우트 단원이었고, 제단에서 미사를 돕는 가톨릭 시승(施僧)으로서 날마다 새벽 미사에 늦지 않으려고 자전거로 달려가는 열 살짜리 소년이었다. 당신도 나처럼 그런 시절이 있었기를 바란다.

아무도 자신의 불완전함을 통하여 성장으로 가는 내리막길을 찾는 건 관두고 그런 길이 있음을 짐작조차 하지 않는다. 그런 까닭에 우리는 '신성한 계시'라는 이름의 권위 있는 메시지를 들어야 한다. 그래서 예수는 '꼴찌'가 '첫째'로 되고, 언제 어디서나 첫째 되려고 하는 자는 결코 그 자리에 이를 수 없다는 의미심장한 격언을 남기신 것이다. 예수는 이 진실을 여러 장소에서 여러 비유들로 분명히 말씀하신다. 하지만 대부분 서양 역사가 분명하게 보여주듯이 그것은 단순한 종교적 대사(臺詞)로 간과되고 말았다. 그런 메시지에 대한 저항감이 너무나 커서, 충직한 그리스도인들에게조차 거절해도 되는 것으로 여겨졌다. 인간의 에고는 추락하거나 변화되거나 죽어가는 것만 아니면 다른 어떤 것도 마다지 않는다. 아무런 작용을 하지 않는데도 '현재 상태'(status quo)를 무조건 사랑하는 당신의 한 부분, 그것이 에고다. 에고는 과거와 현재에 집착하고 미래를 두려워한다.

전반부 인생을 사는 동안에는 어떤 종류의 몰락이나 죽음도 필요하고 좋은 것으로 보이기는커녕 그것들이 가능한 것이라는 사실조차 보이지 않는다.(예수에 따르면, 한 번도 위로 올라가 보지 못한 가난뱅이나 변두리 인생이 오히려 영성의 길에 먼저 들어설 수 있다!) 보통은 자기 신임과 에고의 틀을 굳혀주는 몇 가지 성공 사례들이 우리에게 필요하다. 자비로우신 하나님은 죽음에 대한 생각을 젊은이들에게는 감추신다. 그런데 불행하게도 우리는 세월이 그것을 의식하도록 강요하는 나이가 되어서도 여전히 그것을 감춰두려고 한다. 에른스트 베커가 말했다. 세상을 돌아가게 하는 것은 사랑이 아니라 '죽음에 대한 거절'이라고. 그 말이 옳다면 어떻게 되는 건가?

아래로 내려감으로써 위로 올라가는 이 원리를 가리켜, '불완전의 영성' 또는 '상처 입은 자의 길'이라고 말한 사람들이 있다. 그것이 소화(小花) 테레사에게는 '작은 길'로, 아시시의 프란체스코에게는 '가난의 길'로, '익명의 알코올 중독자들'(AA)에게는 '필요한 첫 단계'로 확인되었다. 이 환영받지 못하는 메시지를 바울은 "내가 약해졌을 때 오히려 나는 강하다."(고린도후서 12:10)라는 수수께끼 같은 말로 가리켰다. 이렇게 말함으로써 그는 예수의 십자가라는 '어리석음'(folly)을, 뒤에 부활로 이어진 비극적이고 어이없는 죽음을 일으켜 세운 것이다.

스케이트를 타는 사람처럼 우리는 양옆으로 움직이면서 앞으로 나아간다. 나는 전체 우주에서, 특히 상실과 회복, 죽음과 변형, 꼴과 힘의 변화가 이어지는 거대한 엔트로피 패턴인 물리학과 생리학에 이 현상이 반영되는 것을 본다.[1] 어떤 사람은 '예외들'이 유일한 법칙이고 그것들이 새로운 법칙을 만들어낸다는 '카오스 이론'에서 그것을 본다. 겁나는 얘기들이다. 안 그런가?

이 패턴에 대한 부정과 거절은, 많은 신자와 성직자들의 실제적인 무신론 또는 선택한 무지처럼 보인다. 안이한 에고의 위안과 인간의 성장 모델 또는 서양 그리스도교와 서양 식민지였던 곳에서 일반화된 '번영 복음'(prosperity Gospel)을 제공하는 나긋나긋한 종교를 많은 사람이 선호한다. 우리는 성장한다. 하지만 에고가 생각 못하는 훨씬 다른 방법으로, 오직 영혼만이 알고 이해하는 방법으로 성장한다.

내가 이 작은 책에서 아무에게도 조금도 강요하지 않으면서 하고자 하는 것은 인생 전반부와 후반부의 연결과 임무 그리고 그 방향을 서술해 보려는 것이다. 그 뒤에 당신은 스스로 결론 내릴 준비가 되어 있을 것이다. 내가 책 제목을 '위쪽으로 떨어지다'(falling upward)라고 한 이유도 여기에 있다. 준비된 사람은 이 메시지가 스스로 자명한 것임을 알게 되리라. **아래로 내려간 사람들만이 위로 올라가는 것이 무엇임을 이해한다. 아래로 떨어진, 그것도 잘 떨어진 사람들이 위로 올라갈 수 있고 그 '위'를 오용하지 않을 수 있는 유일한 사람들이다.** 나는 후반부 인생에게 '위'가 무엇으로 보일는지, 보여야 하는지를 말해보고 싶다. 특별히, 여기에서 저기로 옮겨가는 일이 어떻게 이루어지는지 그리고 그것이 어떻게 우리의 의지력이나 도덕적 완전함에 의하여 만들어지는 것이 아닌지를 밝혀보고 싶다. 그것은 우리가 전에 생각했던 것과 전혀 다른 무엇이고, 우리 힘으로 이루어낼 수 없는 무엇이다. 그것은 우리가 해내는 무엇이 아니라 우리한테서 이루어지는 무엇이다.

하나 더 일러둘 것이 있다. 당신은 스스로 '바닥'에 떨어졌다가 더 큰 꼴을 입고 다른 쪽으로 나오기까지는 이 메시지가 진실임을 알지 못할 것이다. 당신은 운명, 상황, 사랑 또는 하나님에 의하여 '더 높은 데서 오는' 압박을 당해야 한다. 당신 안에 있는 무엇도 그것을 믿거나 그것을 통과하려고 하지 않기 때문이다. '위쪽으로 떨어지기'는 그에 대한 생각이나 설명 정도로 알 수 없는, 오직 위험을 감수하고 최소한 한 번이라도 그것을 경험함으로써 비로소 알 수 있는 영혼의 '비밀'이다. 그 일이 자기에게 일어나도록 허용한 사람들만, 그것도 사후(事後)에 그것이 진실임을 안다.

아마도 이 때문에 바울이 믿음과 신뢰를 사랑보다 먼저 말했던 건지 모르겠다. 실망해서 포기하는 게 아니라 알면서 떨어지거나 실패하려면 그 바탕에 신뢰가 깔려 있어야 한다. 믿음만이 당신으로 하여금 기다리고 희망하면서 서 있을 수 있게 한다. 그때, 오직 그때에만 더 깊은 사랑이 생겨난다. 사람들이 "사랑에 빠진다"고 말하는 것은 조금도 이상한 일이 아니다. 내 생각에는 그렇게 빠지는 것이 거기에 도달하는 유일한 길이다. 사랑의 길이 무엇을 우리에게 요구할는지 미리 안다면 아무도 자청하여 그리로 가려 하지 않을 것이다. 사랑을 계속 발견하려면 인간의 믿음이 그 길의 바탕에 깔려 있어야 한다. 그래도 의심하지 말자. 위대한 사랑은 언제나 하나의 발견이요, 계시요, 놀라운 경이(驚異)다. 우리 너머에 있는 훨씬 더 크고 더 깊은 '무엇' 속으로 떨어져 들어가는 것이다.

마가복음 9장 9절에서 예수는 당신의 변화된 모습을 보여주고 나서 산을 내려가는 제자들에게 말한다. "인자가 죽음에서 다시 살아날 때까지 이번에 본 것을 아무에게도 말하지 말라."(이 말은 상실과 회복의 건너편에 이를 때까지 그러라는 뜻이다.) 사람들이 몸소 그 길을 걷기 전에 이 지혜를 말해주고자 한다면 많은 저항과 거절과 말씨름을 각오해야 할 것이다. 마가복음은 계속해서 말한다. "그들은 이 말씀을 가슴에 새겨두었지만 죽음에서 다시 살아난다는 게 무엇인지 몰라 서로 논의하다가…"(9:10) 누구도 직접 거기 가보기 전에는 새로운 공간이 어떤 곳인지를 상상할 수 없다. 내가 이 점을 특히 강조하는 이유는 당신으로 하여금 왜 거의 모든 스승들이 믿으라고, 신뢰하라고, 붙잡으라고 말하는지를 이해하게 돕기 위해서다. 그들은 당신에게 그냥 어리석고 부조리한 무엇을 믿으라고 말하는 게 아니다. **당신이 스스로 더 먼 여정에 들어갈 수 있을 때까지, 옹근 영적 여정이란 비록 아직 그것을 당신이 알지 못한다 해도 반드시 있는 것임을 믿고 흔들리지 말라고, 단단히 붙잡고 있으라고 말하는 것이다.**

전반부 인생의 언어와 후반부 인생의 언어는 거의 다른 두 언어로서 두 인생 모두 살아본 사람만이 알아듣는다. **후반부 인생 여정에 들어선 사람의 유리한 점은 전반부 인생의 언어와 임무를 여전히 기억하고 존중할 수 있다는 점이다.** 그들은 이미 넘어왔지만 전에 있던 모든 것을 여전히 속에 지니고 있다. 실제로 당신이 만일 전반부 인생의 지혜를 여전히 속에 간직하지 않는다면 과연 당신이 후반부 인생으로 옮겨간 것인지 의심하지 않을 수 없다. 욕조의 물을 버리면서 아이까지 버리는 일은 결코 없어야 한다. 규칙을 창조적으로 깨뜨릴 수 있으려면 그 규칙이 왜 거기 있어야 했는지를 잘 아는 사람이어야 한다. 그는 단순한 우상 파괴자나 반역자가 아니다.

나는 모세가 시내산으로 다시 올라가 야훼에 의하여 만들어진 두 번째 증거 판을 얻기 전에 첫 번째 증거 판을 깨뜨린 사건이 그것을 상징적으로 보여준다고 생각한다. 두 번째 증거 판은 모세가 하나님을 얼굴과 얼굴로 마주본 뒤에 새겨진 것이고 그것이 모든 것을 바꿔놓는다. **증거(하나님의 법)에 대한 우리의 첫 번째 경험은 우리를 낙담시키고 실망시켜야 한다. 첫 번째 증거 판을 깨뜨린 뒤에 비로소 모세는 진정한 지도자, 진정한 예언자가 된다. 그 뒤에 그의 얼굴에서 빛이 난다. 전반부 인생과 후반부 인생의 다름이 이와 같다!**

달라이 라마도 같은 말을 한다. "규범을 잘 배우고 잘 따르라. 그러면 그것을 잘 깨뜨릴 수 있을 것이다." 수단과 목적을 잘 분별할 줄 아는 것이 지금 그가 옳은 방향으로 가고 있는지를 알아보는 리트머스 시험지다. 세계의 모든 종교가 그 성숙된 차원에서는 같은 말을 할 것이다. 그런데 몇 가지 이유로 종교인들이 수단과 목적을 혼동하는 경향이 있다. 처음 시작할 때에 당신은 하나님이 자신의 일거수일투족을 보살피시고 예배드리는 성일에는 기도문 한 구절까지 간섭하시며 다른 모든 것들도 그렇게 하신다고 생각한다. 그러다가 일단 당신의 삶이 그분과의 끊임없는 교제로 바뀌면 그 모든 방법, 형식, 예배, 수련들이 진정한 삶-하나님께 드리는 끊임없는 기도-을 위한 드레스 리허설에 지나지 않는 것이었음을 알게 된다. 그때 당신의 깨어서 사랑하는 삶이 그대로 하나님께 돌려드리는 영광인 것이다.

전반부 인생과 후반부 인생에 대한, 떨어져서 올라가는 삶에 대한 이 모든 이야기들은 여기서 내가 처음 말하는 새로운 것이 아니다. 오랜 세월에 걸쳐 더 먼 여정에 들어섰던 수많은 남자와 여자들의 신비로운 이야기들을 통해서 이미 익숙해진 것들이다. 이제부터 그것들 가운데 가장 많이 알려진 신화 하나를 들여다보기로 하자.

신화의 세계

비록 역사적으로 거의 모든 문화들이 그래왔지만, 서양 합리주의는 더 이상 신화와 그 중요성을 알아주지 않는다.[2] 우리는 참으로 별난 존재들이다. 그래서 영향력과 치유력이 있는 이야기들을 공산주의, 파시즘, 테러리즘, 대량생산주의, 소비주의 따위 몰인정하고 갈피 잡을 수 없는 이야기들로 대체해 버렸다. 달리 말하여 우리 모두 무엇이 우리에게 중요하고 안 중요한지를 결정하는 사실주의(de facto) 세계관으로 살면서 그 세계관에 어울리는 상징적인 이야기들, 예컨대 켄터키의 '정직한 나무꾼 링컨'이 일리노이에서 독학한다는 식의 이야기들에 감동하는 것이다. 이렇게 만들어진 신화들이 스스로 결정하고 수고하여 성취하는 아메리카의 세계관을 위하여 효과적인 은유들로 된 것이다. 그것들이 역사적 사실이냐 아니냐는 중요하지 않다.

신화들은 인류의 깊은 잠재의식에서 나온 것으로서 부분적으로는 진실이 아닐 수 있지만 보편적으로는 진실인 이미지들로 구성되어 있다. 정확한 역사적 사실은 아니더라도 분명히 정신적인 진수(眞髓)들이다. 그 속에는 삶과 죽음, 설명되는 것과 설명되지 않는 것이 하나로 되어 있고 인간의 머리로는 풀 수 없는 역설들이 함께 들어 있다. 좋은 시(詩)가 그렇듯이, 신화는 인간의 모호하고 혼란스러운 정서들을 분명히 밝혀주고 인생을 바꿔놓는다.

신화들은 그 바탕이 진실이다. 왜냐하면 살아서 작용하기 때문이다! 성스러운 신화 한 편이 사람들을 건강하고 행복하고 온전하게 해준다. 그것들은 우리에게 깊은 의미를 주고 우리를 (우리가 경험하는 짧은 시간뿐 아니라 과거와 미래, 지역에 따라 달라지는 시간과 우주의 시간을 모두 포함하는) '깊은 시간'(deep time) 속으로 끌어당긴다. 그 설화들은 우리 영혼을 위한 음식이고, "옛날 옛적에" 또는 "까마득한 옛날, 어느 먼 나라에"라는 말로 이야기를 시작하면서 그리로 돌아가고자 하는 고향 집이다. 가톨릭에서는 라틴어 기도를 "페르 옴니아 사에쿨라 사에쿨로룸"이란 말로 마감한다. 서툴게 번역하면, "모든 세대에서 세대를 관통하여"라는 뜻이다. 어쨌거나 '깊은 시간'은 프시케(psyche, 영혼, 정신)를 지향하고, 우리에게 궁극적 관심을 제공하고, 우리를 재배치(realign)하고, 바탕에 세우고, 그렇게 하여 마침내 우리를 치유한다. 우리는 우리의 작은 자아, 우리의 작은 시간보다 훨씬 크고 깊은 '신비'(a Mystery)에 속한 존재들이다. 위대한 이야기꾼과 영적 교사들은 이 진실을 안다.

기억하자. 이성의 반대는 비이성적인 것만이 아니다. 그것은 이성으로 포착할 수 없는 초이성적인(trans-rational) 것이기도 하다. 사랑, 죽음, 고통, 하나님, 무한 같은 것들은 초이성적인 경험들이다. 신화와 성숙한 종교는 이를 알고 있다. 초이성적인 경험들은 우리 안에 열린 시스템과 더 큰 지평을 마련하여 영혼과 가슴과 머리가 자기 내면의 작고 좁은 공간에 갇히지 않도록 해준다. 보통의 이성적 마인드는 언제나 이원론적이라서 사랑이나 고통을 제대로 다룰 수 없다.[3] 그래서 우리가 허용만 하면 모든 것을 가르쳐주는 위대한 영적 교사인 그것들을 피하거나 부인하거나 아니면 그것들 때문에 누군가를 원망한다. 신화적 의식의 상실은 지난 몇 세기 동안 인류에 아무 도움도 주지 못하였고, 세계 모든 종교들에서 완고한 근본주의가 자라는 것을 막지 못하였다. 위대한 치유력을 지닌 신화의 기능을 알아보지 못한 탓으로 우리는 지금 파괴적이고 '눈에 띄지 않는' 거짓 신화들의 함정에 빠져 있는 것이다.

오디세이

오디세우스 이야기는 서양의 모든 설화에 방향과 경계를 마련해주었다고 평가되는 초이성적 신화의 고전이다. 우리 모두 자기만의

'오디세이'를 가지고 있지만, 그 말은 오랜 옛날 인간의 비극적이고 영웅적인 삶의 패턴을 따라서 싸우고 항해하고 그렇게 살았던 주인공 이름에서 온 것이다.

기원전 7세기에 만들어진 호머의 '오디세이'에서 우리는 트로이 전쟁을 마치고 집으로 돌아가는 주인공 오디세우스의 기괴한 모험담을 듣는다. 사람 홀리는 사이렌을 통과하여 배를 젓고 애꾸 거인과 로터스(lotus, 먹으면 세상의 모든 고통을 잊는다는 열매)에 취한 사람들을 만나 에움길로 돌고 실라와 카립디스(Scylla and Charybdis, 시실리 해안의 위험한 바위와 소용돌이), 키르케(Circe, 남자를 돼지로 바꿔놓는다는 요부)와 칼립소(Calypso, 토인들이 부르는 즉흥 노래)의 어지러움을 뚫으며 오디세우스는 집으로 돌아가려고 애를 쓴다. 이렇게 온갖 시련, 실수, 황홀경을 맛보고 귀신과 괴물들에 쫓기면서 마침내 오니세우스는 고향인 아이다카 섬에 도착하여 사랑하는 아내 페넬로프, 늙은 아버지 라에르테스, 그리운 아들 텔레마쿠스 그리고 죽어가는 애견 아르고스와 재회한다.

보통 이야기 줄거리에 익숙한 우리는 그렇게 해서 "그 뒤로 행복하게 잘살았다"는 말로 오디세우스의 여정 또한 끝나리라고 기대하게 마련이다. 많은 독자들이 그렇게 되기를 바라고 그렇게 기억할 것이다. 사실이 그렇기도 하다. 오디세우스는 집으로 돌아와 흐트러진 집안을 정리하고 아내와 아들과 아버지를 다시 만나 함께 산다. 하지만 아직 더 남았다! 마지막 두 장(章)에서 호머는 오디세우스를 '새로운 두 번째 여정'으로 불러내는데, 그에 대한 자세한 이야기는 없다. 하지만 그것이 주인공의 인생에 반드시 필요한 여정이라는 사실은 충분히 암시되어 있다.

조용히 행복한 말년을 보내는 대신 오디세우스는 일찍이 맹인 유령 테이레시아스한테서 들었지만 그동안 절반쯤 잊고 지냈던 예언을 생각해 내고 다시 한 번 집을 떠난다. 그것은 신들에 의하여 결정된 그의 운명이다. 이 새로운 여정은 자세히 서술되지 않고 몇 가지 두드러진 이미지들이 나타날 뿐이다. **우리가 후반부 인생에 대하여 이해하고 말하기 훨씬 전인 기원전 7세기에 호머는 "뭔가 더 있어야 한다"는 사실을, 그리스 문학에서 자주 그러듯이 직관으로 알았던 것 같다.**

"그때 유령 데반 테이레시아스가 손에 황금 홀(笏)을 들고 나타났다.… 집에 돌아오면 네 아내한테 청혼한 자들을 징벌하여 네 집에서 그들을 모두 죽인 다음, 잘 만든 노(櫓)를 메고 길을 떠나 바다에 대하여 아무 들은 바도 없고, 소금으로 간을 맞출 줄도 모르고, 배와 배의 날개 같은 노라는 물건에 대하여 그런 것이 있는 줄도 모르는 자들이 사는 나라로 가야 한다. 내가 너에게 분명한 증표를 하나 줄 터이니 그것에서 눈을 떼지 않도록 하여라. 한 여행자가 너를 만나, 네 노를 쭉정이에서 알곡을 가려내는 키로 삼아 어깨에 메라고 말할 것이다. 그 말을 들으면 노를 땅에 묻어 고정시키고 숫양과 수소와 수퇘지를 잡아 넵튠에게 제물로 바쳐야 한다. 그런 다음 집으로 가서 하늘의 신들에게 헤카톰(제물로 바치는 수소 백 마리)을 차례로 바치도록 하여라. 너 자신을 위해서는 네 수명이 다하여 마음이 평안할 때 죽음이 바다로부터 너에게 올 터인즉 네 목숨이 아주 부드럽게 소진되리니 네 백성이 너에게 복을 빌며 너를 기릴 것이다. 나의 이 모든 말이 그대로 어김없이 이루어지리라."[4]

오디세우스가 이야기 서두에서 들었던 테이레시아스의 이 예언은 우리 모두에게 일어날 전조(前兆, omen)처럼 보인다. 여기 우리 목적을 위하여 이야기의 요점을 정리해 보겠다.

1. 오디세우스가 이 예언을 듣는 것은 죽은 자의 왕국인 하데스를 통과할 때, 그러니까 '밑바닥'에 떨어질 때다. 그것은 에고가 거의 해체되어 비록 반쪽 머리와 반쪽 가슴으로 그런다 하지만, 새로운 얘기를 듣고 새로운 무엇을 구상하기 시작하는 그런 때다.

2. 테이레시아스는 오디세우스에게 이 메시지를 전하면서 손에 '황금 홀'을 들고 있다. 그것은 메시지가 밖에 그리고 너머에 있는 신성한 권위로부터 오는 것으로서, 오디세우스가 간청하거나 탐색하여 얻어낸 것이 아니고 어쩌면 아예 원하지 않은 것일 수도 있음을 상징한다. 우리 밖에 있는 권위가 우리를 우리 안에 있는 권위로 몰아치는 경우가 드물지 않다.

3. 오디세우스는 고향인 아이타카 '섬'에 돌아갔다가 거기서 더 먼 여정을 위하여 '내륙'으로 들어간다. 자신의 작은 섬을 큰 내륙에 재결합시키는 것이다. 바로 이것이 '종교'(religion)에서 일어나는 사건이

다. 옹근 전체에 우리의 부분들이 다시 접속되는(re-ligio) 것은, 그렇게 말하기를 원하나 말거나, 그대로 하나님 체험이다. 이것이 우리의 인생 후반부에 맡겨진 임무인 것이다. 얼마나 기막힌 은유인가!

4. 오디세우스는 전반부 인생에서 배로 항해하는 동안 그의 '운반 시스템'이던 노(櫓)를 지참하지만 먼 바다에서 온 여행자를 만나, 그것이 노가 아니라 알곡을 쭉정이에서 가려내는 키라는 말을 듣는다. 그가 여행자를 만난 것은 더 먼 여정의 막바지에 도달했다는 표시이고, 이제 그는 노를 (젊은이가 성년식 하는 날 어린 시절에 가지고 놀던 장난감을 땅에 묻듯이) 땅에 묻어두고 거기를 떠나야 한다. 그래야만 마침내 집으로 돌아올 수 있다. 소유와 생산을 중심으로 돌아가던 첫 번째 세계가 바야흐로 그 목적을 다 이룬 것이다.

5. 그런 다음 오디세우스는 전반부 인생길에서 내내 함께 한 넵튠 신에게 제사를 드려야 한다. 사람이 희생제물을 신에게 바치는 것은 거의 모든 고대 신화들에서 흔히 보게 되는 일이다. 앞으로 나아가려면 뭔가를 버려두고 포기하고 넘어가야 한다는, 또는 '신들'의 더 큰 그림 속으로 들어가려면 용서하고 용서받아야 한다는 그런 얘기겠다.

6. 그는 들판에 사는 수소, 씨받이 수퇘지, 아무거나 머리로 받아 버리는 숫양, 이렇게 세 가지 특별한 제물을 잡아서 바쳐야 한다. 길들여지지 않고 미숙한 남성 에너지를 이보다 근사하게 나타내는 이미지들이 있을까? **당신은 첫 번째 여정에 썼던 연장들을 그대로 가지고서 두 번째 여정을 걸어갈 수 없다. 전혀 새로운 연장통이 필**

요하다.

7. 더 먼 여정을 끝낸 그가 고향인 아이다카 섬으로 돌아가 하늘을 다스리는 모든 신들에게 바칠 엄숙한 제사를 준비한다. 일반의 말로 하면 마침내 크고 참된 그림 속에서 살게 된 것이고, 그리스도교 말로 하면 마침내 더 큰 '하나님 나라'로 들어가게 된 것이다.

8. 더 먼 여정과 희생제사까지 모두 마친 뒤에 비로소 오디세우스는 이렇게 말할 수 있다. "내 백성과 더불어 행복하게 살다가 안락한 세월의 짐 밑으로 가라앉을 때가 되면 바다로부터 죽음이 부드럽게 나를 찾아오리라." 아직 자신의 옹근 삶을 다 살지 못한 사람한테는 죽음이 무서운 위협이지만 오디세우스는 인생의 전반부와 후반부를 모두 살았으므로 마침내 모든 것을 자유로이 놓아버릴 준비가 갖추어진 것이다.

지금 우리는 심층 무의식의 지혜에 대한 이야기를 하고 있다! 하나님은 우리가 틀을 갖춘 종교로 영적 직관을 조직할 때까지 기다릴 필요가 없으셨다. 성경 두 번째 구절(창세기 1:2)에 따르면 거룩한 영이 태초부터 혼돈 위를 감돌았고, 시간이 비롯된 때부터 거룩한 영이 모든 피조물 위를 덮었다.(로마서 1:20) 호머는 결코 '이교도' 그리스 사람이 아니었다. 그보다 2700년 늦게 태어난 우리가 그래서 더 지혜롭다고 말할 수도 없는 일이다.

자, 이제 더 먼 여정을 탐색하러 떠나는 마당에 우리 마음에 이 신화를 깊이 간직하도록 하자. 우리가 말하고 싶은 것을 말할 수 있도록 괜찮은 청사진을 그려줄 수 있을 것이다. **집을 찾아다니다가 집을 발견하여 그리로 돌아가고 그렇게 해서 마침내 집이 어떤 것인지를 알게 되는 모형(母型, matrix) 안에서 전체 이야기가 전개된다는 사실을 항상 기억하자. 집은 시작이고 마침이다. 집은 결코 감상적인 개념이 아니다. 그것은 안에 있는 나침반이면서 저 멀리 하늘에 있는 북극성이다. 우리 영혼을 가리키는 하나의 은유다.**

인생 전반부의 임무는 자기 인생을 위하여 적절한 '컨테이너'를 만드는
것이고 "무엇이 나를 값진 존재로 만드는가?" "어떻게 나 자신을 지원할
것인가?" "누가 나와 함께 갈 것인가?"라는 기본적인 질문에 답하는 것이다.
인생 후반부의 임무는 간단하다. 그 컨테이너에 담아서 운반하기로 되어 있는
내용물을 찾는 것이다.

위쪽^쪽으로 떨^어지다

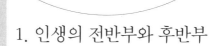

1. 인생의 전반부와 후반부
The Two Halves of Life

1

인생의 전반부와 후반부
The Two Halves of Life

◆

사람은 오전 인생의 프로그램으로 오후 인생을 살 수 없다. 아침에 위대하던 것이 저녁에는 시시한 것으로 되고, 아침에 진짜이던 것이 저녁에는 가짜로 바뀌기 때문이다.

칼 융

앞에서 말했듯이, **인생 전반부의 임무는 자기 인생을 위하여 적절한 '컨테이너'를 만드는 것이고 "무엇이 나를 값진 존재로 만드는가?" "어떻게 나 자신을 지원할 것인가?" "누가 나와 함께 갈 것인가?"라는 기본적인 질문에 답하는 것이다. 인생 후반부의 임무는 간단하다. 그 컨테이너에 담아서 운반하기로 되어 있는 내용물을 찾는 것이다.** 매리 올리버는 묻는다. "너의 소중한 목숨으로 무엇을 하겠다는 것인가?" 컨테이너 자체가 목적은 아니다. 컨테이너는 당신의 깊고 충만한 삶을 위하여 거기 있는 것이다. 그런데 그 깊고 충만한 삶이 어떤 것인지를 당신은 거의 모른다! **너무나 많은 사람들이 컨테이너를 만들고 수리하는 작업에 매달리느라고 자기를 기다리는 엄청난 고기들을 잡기 위하여 깊은 곳에 그물을 던지지(요한복음 21:6) 않는다**는 얘기다.

문제는 첫 번째 임무에 너무 많은 피와 땀과 눈물과 세월을 쏟다 보니 자기한테 두 번째 임무가 있다는 사실을, 더 중요한 무엇이 자기를 기다리고 있다는 사실을 상상조차 못한다는 점이다. 낡은 가죽부대가 좋다(누가복음 5:39)고 우리는 말한다. 하지만 예수에 따르면, 낡은 가죽부대는 새 포도주를 담을 수 없다. 만일 우리가 새 가죽부대를 장만하지 않으면 포도주와 부대를 함께 버리는 수가 있다. **후반부 인생은 새 포도주를 감당할 수 있다. 왜냐하면 그때쯤에는 새 가죽부대가, 우리의 옹근 삶을 함께 담을 수 있는 검증된 방편들이 마련되어 있을 것이기 때문이다. 하지만 그것은 여태까지의 틀을 고집하지 않고 컨테이너 자체를 늘이거나 아니면 더 나은 것으로 교체해야 한다는 뜻이다.** 이것이야말로 사람들이 말하는 큰 일거리(rub)지만, 우리가 삶의 복판에서 경험하는 희열과 발견의 원천이기도 하다.

사람들은 그동안 이 둘의 차이를 초보자와 달인, 수련생과 전수자, 우유와 치즈, 문자와 영(靈), 주니어와 시니어, 세례 받은 신자와 견신례 받은 신자, 도제(徒弟)와 스승, 아침과 저녁, '젊은 베드로와 늙은 베드로'(요한복음 21:18) 같은 여러 은유들로 표현해 왔다. 두 번째 인생을 살기 시작한 사람만이 이 두 인생의 차이를 안다. 하지만 이

둘은 '누적'되면서 '연속'되는 것이고 둘 다 반드시 필요한 것들이다. **누구도, 이 책을 포함하여, 책 몇 권 읽었다 해서 두 번째 인생으로 훌쩍 건너뛸 수는 없는 일이다. 은총이 당신을 벼랑으로 밀어붙여야 하고 밀어붙일 것이다.** 누군가 말했다. **"하나님은 손자손녀가 없다, 오직 자식들이 있을 뿐"이라고. 각 세대가 저마다 자기 영을 발견해야 한다. 그러지 않으면 우리는 그저 앞 세대에 반발하되 지나치게 반발하거나 앞 세대에 순응하되 지나치게 순응할 따름이다. 둘 다 앞으로 나아가는 데 긍정적이고 창조적인 길이 아니다.**

어느 성직자도 성경 구절도 종교 형식이나 책이나 구루도 당신을 위하여 당신의 여정을 대신 걸어줄 수 없다. **첫 번째 여정을 건너뛰면 그것의 필요성과 한계를 결코 알지 못할 것이고, 왜 첫 번째 여정이 당신을 실망시켜야 하는지, 두 번째 인생 여정의 놀라운 충만함이 어떤 것인지, 그리고 그 둘 사이의 관계가 어떻게 이어지는지를 결코 알 수 없을 것이다.** 그 때문에 많은 사람이 성장을 멈추거나 옛 시절에 대한 그리움 속에 머물러 있다. 특히 우리 세대에 그런 사람들의 수가 적지 않다는 사실이 나는 안타깝고 슬프다.

첫 번째 인생 여정을 걷는 주니어들에게는 진정한 원로들이 너무 나이브하고 단순하며 '한물갔고' 없어도 상관없는 그런 존재들로 보이게 마련이다. 누구도 아직 경험하지 않은 것을 이해할 수 없다. 그들은 지금 첫 번째 임무에 몰입되어 있기에 그 너머가 보이지 않는다. 반면에 앞의 무대들을 모두 거친 사람들은 그러는 주니어들을 이해하고 참아주고 (어려움을 감수하면서도) 어떻게든지 그들을 도와줄 수 있다. 그래서 실은 '원로'인 것이다! **더 높은 무대는 언제나 더 낮은 무대를 품어 안는다. 그러지 않으면 더 높은 무대가 아니다!**

대부분 종교 역사를 포함하여 거의 모든 문화가 전반부 인생의 문제들을 만들고 유지하는 데 전념해 왔다. 자기 정체성을 수립하고 옹호하는 일, 생존을 위하여 안전한 환경을 찾거나 만드는 일, 생식과 성(sex)을 지키는 일, 이 세 가지 큰 문제들에 관심을 집중해 왔다는 얘기다. 그것들은 우리를 점령할 정도가 아니라 아예 삼켜버렸다. 미안하지만 그것이 여기까지 온 우리의 지난날 역사다. **대부분 세대들이 그동안 각종 울타리를 치고 그것들을 지키는 것이 인생의 기본적이고 때로는 유일무이한 임무라고 생각했다. 거의 모든 인류 역사가 개인이나 집단의 정체성을 세우고 그것을 지키기 위한 틀을 짜고 거기에 충성하는 내용으로 채워져 왔다. 이제 비로소 갈수록 많은 사람들이 "이게 전부야?"라고 질문하는 시대를 우리가 맞은 것 같다.**

성장기에 우리는 자아에 몰입되어 누군가를 공격하면서 자기를 방어하는 데 치중하느라 단순하고 소박한 삶, 순진한 우정, 쓸데없는 아름다움, 자연과의 은밀한 소통 같은 것으로 보낼 시간이 거의 없었다. 하지만 그런 종류의 에고 형성은 이십대를 전후한 젊은이를 위하여, 그리고 한 부족의 생존을 위하여 반드시 필요한 과정이다. 어쩌면 그것은 한 인간이 삶을 시작하는 데 없어서는 안 되는 필수 과정인지도 모르겠다. **"좋은 울타리가 좋은 이웃을 만든다"고 로버트 프로스트는 말했다. 하지만 그냥 울타리를 만들기만 해서는 안 된다**

고도 했다. 이웃을 실제로 만나려면 울타리를 넘어야 하는 것이다.

그러므로 우리는 각자의 인생을 출발하기 위하여 경계와 자기 정체성, 안전장치, 어느 정도의 질서와 일관성이 필요하다. 또한 자기만의 '특별한' 무엇을 찾아 간직하고 웬만큼은 '자아도취'에 빠져볼 필요도 있다. 우리 모두 전반부 인생을 사는 동안 일정 부문에서 성공을 거두고 사회의 인정도 받아볼 필요가 있다는 얘기다. 그러지 않으면 젊어서 충족되지 않은 욕구들 때문에 그것들을 외부로부터 채워보려고 남은 인생을 보내게 마련이다. 어느 정도의 '나르시시즘'은 필요한 것이며 좋은 것이기도 하다. 사람은 먼저 단단한 에고의 틀을 형성해야 하고, 그런 다음 그것을 버리고 넘어서 나아가야 한다. 엄하고 견고한 세례자 요한의 태도에 대하여 언급하는 자리에서 예수는 이 두 인생의 균형을 말하고 있다. "그렇소, 내가 진정으로 말하는데, 여자 몸에서 태어난 사람 가운데 요한보다 큰 인물이 없소. 하지만 하늘나라에서는 가장 작은 자가 그보다 크오."(마태복음 11:11) 한 입으로 두 말을 하는 것인가? 아니다. 전반부 인생과 후반부 인생을 아울러 말하는 것이다.

기본적으로 당신이 젊은 시절에 '거울보기'를 제대로 했다면, 나르시스의 거울을 들여다보거나 다른 사람들의 이목을 끌려고 애쓰는 데 남은 생을 보내지 않아도 될 것이다. 당신은 이미 사람들 눈길을 충분히 모아봤고, 그것이 얼마나 허망한 것인지도 알만큼 알았고, 그래서 지금은 바탕이 든든하다. 앞으로도 그럴 것이다. 젊은 시절에 충분한 '거울보기'를 경험했다면 지금 당신은 자유롭게 남들을 거울에 비쳐보고 자기 자신도 그렇게 바라볼 것이다. 그것도 정직하게 그리고 피차에 도움이 되는 방향으로! **나는 왜 많은 성자들이 '기도'에 대하여, 그것이 하나님의 응시하는 눈길을 그냥 받아들이고 그것을 인간의 응시하는 눈길로 돌려드리며 마침내 하나님의 눈길과 사람의 눈길이 하나임을 깨닫는 것이라고 하는지 그 이유를 알겠다.** 힌두교는 이 황홀한 상호 응시(mutual beholding)를 가리켜 '다르샨'(darshan)이라고 한다. 이 책 말미에서 우리는 이 문제를 다시 성찰하게 될 것이다.

일단 나르시스의 바닥을 치고 나면 자기 정체성을 지키거나 증명 또는 주장할 필요가 없어진다. 그로써 충분하다. 아니, 충분하고 남는다. 이것이야말로 실질적인 '구원'이라 할 수 있겠다. 특히 정상에 올랐다가 나르시스의 바닥을 쳤을 때 그렇다. **"내가 누구인가?"라는 질문을 제대로 했을 때 "내가 무엇을 할 것인가?"가 저절로 답을 얻는다.** 저토록 많은 종교인들이 자기들의 구원론을 옹호하고 증명하는 데 매달리는 현실을 보자면 과연 그들이 신성한 '거울보기'를 진지하고 깊게 경험했는지 의심하지 않을 수 없다.

전반부 인생에서는 본인과 남들에게 두루 좋은 것들인 성공, 안전, 견제 등이 거의 유일한 문제로 제기된다. 에이브러햄 매슬로우가 말하는 '필요 계층'(hierarchy of needs)의 초창기 단계들이다.[1] **안보가 가장 중요한 사회적 이슈로 되는 우리네 문화에서는 정부는 말할 것 없고 의회에서도 높은 액수의 군대 예산을 거의 문제 삼지 않는다. 반면에 교육, 빈곤층 복지, 예술 같은 후반기 단계들을 위한 예산**

은 거론되었다가도 금방 잠잠해진다. 메시지는 간단하다. 우리가 아직 청년기에 머물러 있다는 것이다. 종교들도 비슷하다. 자기들이 절대적이기 때문에 절대적으로 절대적인 자기네 진리를 주장하고 옹호해야 한다. 초창기 단계에서는 그것들이 옳고 필요하게 여겨진다. 아무리 '성경'이 참된 신앙이란 이런 것이라고 말해줘도 그 단계에서는 들리지 않는다. 그것은 한참 뒤에야 귀에 들어오는 것이다.

우리 모두 살아가려면 이런저런 보장 제도와 안전장치들이 필요하다. 하지만 조심해야 한다. 그것들이 우리를 가두고 점령하여 앞으로 나아가지 못하게 할 수 있기 때문이다. 어쩌면 그래서 성경에 가장 많이 나오는 단일 문장이 "두려워 마라"인지 모르겠다. 누가 세어봤는지 그 문장이 성경에 365회나 등장한다는 것이다! 개인과 집단의 안전, 재생산 그리고 생존(두려움에 바탕을 둔 편견)에 몰입하는 초기 단계들을 넘어서지 못하면 우리는 인간적 또는 영적 진화를 위한 후기 단계들로 끝내 넘어가지 못할 것이다. 나는 교회들의 강단에서 이 첫 번째 차원을 넘어서기는커녕 그것에 도전조차 하지 않는 설교를 수없이 들었다. 오히려 그것에 대한 도전은 위험한 이단으로 기피되고 경계되는 것이 현실이다.

이렇게 질서, 통제, 안정, 쾌락, 보장 같은 것들에 점령된 결과 많은 사람이 자신의 옹근 인생을 사는 건 관두고 그런 것이 있는 줄도 모른다. 울타리를 치고 자기 정체성을 지키고 종족을 번식하고 본능 다스리는 교육을 받는 것 정도로는 인간의 인간다운 삶이라고 말할 수 없는 일이다. 예수는 말씀하신다. "아무쪼록 그대들은 목숨을 위하여 무엇을 먹을까 몸을 위하여 무엇을 입을까 그런 걱정 하지 마시오. 목숨이 음식보다 귀하고 몸이 옷보다 귀하지 않소?"(누가복음 12:22~23) "사람이 천하를 얻고 제 목숨을 잃으면 그 천하가 다 무슨 소용이겠소? 사람 목숨을 무엇하고 바꿀 수 있단 말이오?"(마태복음 16:26)

전반부 인생에서 너무 많은 방어를 하고 그래서 또 너무 많은 공격을 하느라고 정작 물어야 할 질문, 사람을 더 먼 여정으로 나아가게 하는 질문에는 접근조차 못한다. 성숙한 사람은 방어도 공격도 하지 않는다. 있는 그대로 현실을 받아들일 수 있는 그 사람이 성숙한 사람이다. 켄 케이스가 말했다. "공격을 의도하는 사람들보다 공격하는 사람들에 의하여 더 많은 고통이 세상에 초래된다." 자기들을 공격한다고 여겨지는 상대를 방어해야 한다고 생각하는 사람들에 의하여 더 큰 공격이 이루어지고, 이런 주고받기가 끝도 없이 이어지는 것이다. 영적으로 성숙하는 것 말고는 자기 방어의 명분으로 이어지는 핑퐁 게임에서 벗어날 길이 없어 보인다. **당신도 알다시피, '참 자아'는 누구를 공격하기가 정말 어렵다!**

발걸음과 단계들

인생의 중요한 두 굽이와 임무를 서술하기 위해 '전반부 인생과 후반부 인생'이라는 용어를 가장 먼저 대중화한 사람은 칼 융이었다. 하지만 사람이 영적으로 성장하는 과정에 여러 단계들이 있음을 알고 그것을 말한 사람들은 많이 있었다. 과정 언어(process language)는 새로운 것이 아니다. 다만 서로 다른 이미지들을 사용할 따름이다.

아브라함과 사라의 여정, 모세의 출애굽, 무함마드의 도피 행각, 교회당 벽에 그려진 십자가의 길, 아빌라의 테레사 그리고 현대에 들어와 장 피아제, 제임스 폴러, 로렌스 콜버그, 클레어 그레이브스, 에이브러햄 매슬로우, 에릭 에릭슨, 켄 윌버, 캐롤 질리간, 대니얼 레빈슨, 빌 플로트킨 등이 있다. **그들 모두 인간의 성장과 성숙에는 방향이 있고, 어디에 고착되어 있어서 '이를 악물고 견뎌내야 하는' 무엇이 아님을 분명하게 밝힌다. "인생의 운동과 방향을 아울러 계획하고 고무하지 못한다면 누구도 성숙한 인간이라는 이름을 얻지 못할 것이다."** 이들 대부분 스승들이 저마다 자기 나름대로 두 가지 중요한 통찰에 연결되어 있는 듯이 보인다.

첫째, 당신은 후기 단계의 더 넓은 안목으로 볼 때에만 비로소 전기 단계들을 볼 수 있고 이해할 수 있다. 성숙한 사회가 원로들, 시니어들, 성자들 그리고 전수자들에 의해 인도되어야 하는 이유가 여기 있다. 그런 사람들만이 한 사회 또는 정신적 집단의 진정한 지도자가 될 수 있는 것이다. 그런 이들이 없으면 젊은 갱단이나 자살폭탄 테러 집단 같은 '맹인들이 이끄는 맹인들'의 사회로 남을 뿐이다. 진정한 지도자나 원로 재목이 못 되는 자들이 저들의 미성숙한 수준에서 사람들을 모을 것이고, 역시 미성숙한 대중이 똑같이 미성숙한 수준에서 자기네 두목을 선출할 것이다. 민망하고 불행한 오늘의 정치판에서 우리는 그런 자들의 이름을 얼마든지 열거할 수 있다. 슬픈 일이다. 하지만 기억하자. 미성숙한 지도자와 미성숙한 대중 사이에는 공생 관계가 존재한다. 그래서 플라톤과 제퍼슨이 민주주의는 최선의 정치 제도가 될 수 없다고 말했을 것이다. 그나마 가장 안전한 제도일 따름이다. 나라를 운영하는 데는 진정으로 훌륭한 군주제(monarch)가 어쩌면 가장 효과적일 것이다.

당신이 지혜와 나이와 은총에서 성숙한(누가복음 2:52 참조) 사람이면 이 모든 전기 단계들을 포용하고 이해하고 참고 기다려줄 수 있다. 나는 "초월하면서 내포한다"(transcend and include)는 표현을 자주 쓰는데 바로 이런 뜻이다. 그것은 당신이 깨달은 사람, 심리적으로 성숙한 사람 또는 진정한 어른 신자임을 표시하는 것이기도 하다.

모든 종교의 존경받는 원로들은 언제나 용서하고 자애롭고 포용한다. 그들은 적을 만들지 않고, 자기네 집단의 출발점에 선 자들이 만든 울타리를 넘어서면서도 그것들을 존중하고 필요하면 활용하기도 한다. 유대인 예수는 유대교를 거침없이 비판했지만 그것을 떠나 다른 종교로 개종하지 않았다! 성숙한 사람은 '이것 아니면 저것'(either-or)으로 생각하는 사람이 아니다. '이것도 저것도'(both-and)의 큰 바다에서 헤엄치는 사람이다.(간디, 안네 프랑크, 마르틴 루터 킹, 마더 테레사, 넬슨 만델라 같은 사람들을 생각해 보라.) 이 깨달은 사람들은 진화하는 종교의 마차 바퀴에 기름을 치려고 한다. 알베르트 아인슈타인이 말했듯이 "문제를 일으킨 자들은 그 문제를 해결할 능력이 없다." 하나님은 그와 같은 온전하고 성스러운 사람들을 내세워 인류와 종교를 진화시켜 앞으로 나아가게 하신다.

발걸음과 단계들에 대한 두 번째 통찰은 당신을 겨우 한 발쯤 넘어섰을 뿐인 사람들을 당신의 진화 수준에서 알아볼 수 있다는 것이다. 당신은 당신의 진화 수준에서 한 걸음 이상 나아갈 수 없으며 한 걸음 나간 것도 운이 좋은 것이라고 말하는 이론가들이 있다. 바로 이 한계 때문에 당신보다 깊은(높은) 수준의 사람들이 잘못되고 이단적이고 위험하고 따라서 배척해 마땅한 죄인들로 보이는 것이다. 그러지 않고서야 끊임없이 쫓겨나고 살해당하는 예언자들, 세상 변두리로 내몰리는 성자들, 끈질긴 인종주의, 문명인을 자처하는 자들의 전투적인 태도를 어떻게 설명할 수 있겠는가? 당신은 스스로 문명인이라면서 여전히 진화 초기 단계의 자기중심적 위치에서 남을 판단하고 있다. 실제로 지독한 자아도취에 빠져 있는 사람들의 가장 근사한 포장들 가운데 하나가 예절 바르고 우아하게 미소 짓고 문명을 즐기는 것이다. 히틀러가 고전 음악을 사랑했다지 않는가?

변화와 성장이 당신 영성 안에 처음부터 설정되어 있지 않았다면, 두려움과 광신의 맹목성에 대한 경고가 없다면, 당신의 종교는 언제까지나 당신 에고의 지위와 기득권을, 마치 그것이 하나님인 양 옹호하는 데 머물러 있을 것이다. 예수가 세상에 대고 한 첫 마디가 "변화하라"(change)였건만(성경에는 "회개하라"로 되어 있는데 그 말의 진정한 의미는 "네 마음을 바꿔라"다), 그 말이 그리스도교 역사에 별 영향을 미치지 못한 것이 분명하다. 변화에 대한 저항은 너무 일반적이고 보편적인 것이어서 종교인이라고 예외이기를 기대할 순 없는 일이다. 실은 종교인일수록 미래나 현재보다 과거를 더 사랑하는 경향이 있다. **우리**

가 내릴 수 있는 결론은 대부분 기성 종교들이 전반부 인생의 문제들에 머물러 있다는 것이다. 우리는 사람들이 들을 준비가 되어 있는 것만 전해 받고 넘겨준다. 하지만 동물들의 지능조차 새로운 상황에 적응하고 거기에 맞추어 변화하는 능력에 따라서 결정된다. 그런 능력이 없으면 도태되고 만다.

이와 같은 저항의 패턴이 너무나 분명하고 패배주의로까지 보였기에 예수는 당신 입에서 나온 가장 불친절한 선언이라고 할 한 마디를 던져야 했다. "거룩한 것을 개한테 주지 말고, 진주를 돼지한테 던지지 마시오. 그것들이 발로 짓밟고 돌이켜 그대들을 물어뜯을지 모르는 일이오."(마태복음 7:6) 우리가 영적 성숙에 대하여 언제 어디서 누구에게 그리고 어떻게 말할 것인지를 알면 많은 좌절과 비난으로부터 우리 자신을 건져낼 수 있을 것이다. 우리가 할 수 있는 일은 사람들 각자에게 들을 준비가 되어 있는 말을 해주는 것이 고작이다. 기껏해야 그들을 조금 늘려주는 것이라는 얘기다! 우리 모두 자기한테 주어지는 정보의 5퍼센트 정도에만 대하여 반응한다고 켄 윌버는 말한다. 내가 보기에 **예언자들이란 자기 메시지를 사람들이 들을 준비가 되어 있느냐 없느냐에 상관하지 않는 부류들이다. 그들이 말하는 이유는 그것이 해야 하는 말이라서, 그리고 진실이라서 하는 것이다.**

그들을 옹호하고 그 가치를 알아주는 현명한 권위 계층이 없으면 대부분 예언자와 현자들의 몸이 '갈가리 찢어질' 것이다. 그리스도인에게 예수의 산상수훈이, 대영제국에 간다가, 백인의 아메리카에 마르틴 루터 킹이, 네덜란드 백인의 남아공에 넬슨 만델라가, 가톨릭 가부장제에 미국 수녀들이 그렇듯이.

하나님과 종교에 관하여

신학적으로 그리고 객관적으로 말해서 우리는 이미 하나님과 하나 되어 있다. 하지만 어느 정도 깊은 종교 체험을 하거나 하나님의 신비를 담을 든든한 그릇이 마련되지 않은 사람은 이 진실을 믿거나 경험하는 일이 거의 불가능하다. 그래서 초창기 여정은 언제나 형식, 틀, 겉으로 표출되는 정서, 깃발과 견장, 바른 의전(儀典), 성경 구절 인용, 특별한 옷차림 따위에 관심이 많다. 이 모두가 진정한 영성을 대신하는 것들이지만 그래도 컨테이너를 만드는 네 필요한 것들이다. 그렇다. 진정한 본질을 대신하는 하나의 스타일이고 감상(感傷)이지만 그래도 필요한 것들이다. 그렇다고 해서 고작 스타일과 감상에 당신 인생의 전부를 바칠 순 없는 일 아닌가? 여기서 이 말에 귀 기울여볼 만하다. '본질적인 것에 일치를, 비본질적인 것에 자유를, 모든 것에 사랑을.' 이것이 바로 후반부 인생이고 어렵게 얻은 지혜다.

인생 전반부에 우리는 그 겁나는 내용을 담을 컨테이너가 없다. 그 독한 술을 담을 가죽부대가 없다. 당신도 알다시피, 모세에게 불타는 떨기나무가 그랬듯이(출애굽기 3:2~3), 순수한 하나님 체험은 당신을 불태운다. 그런데 그 불은 당신을 파멸시키지 않는다. 하지만 대

부분 사람들이 그런 '불'을 경험할 준비가 되어 있지 않다. 아니, 그런 것이 있으니 준비하라는 말을 듣지도 못한 채 살아간다. 이 점에서 이슬람 계통의 신비주의자들이 가장 정직한 것 같다. 루미, 카비르, 하피즈 등의 황홀하고 에로틱한 시들이 우리에게 그것을 보여주고 있다. 분명, 순수한 하나님 체험은 언제나 '너무 많다'(too much)! 그것은 우리의 거짓 자아(false self)를 황폐화시킨 뒤에야 비로소 우리의 참 자아(True Self)를 위로한다. 우리는 패스트푸드 종교의 접시를 돌리는 대신 이 문제에 진지해지는 것부터 시작해야 한다.[2]

초기 단계의 종교는 불길 속 하나님 체험이라는 엄청난 선물을 받기 위해 필요한 준비 과정이다. 아기 그리스도를 그 안에 눕히기 위하여 튼튼한 구유를 만드는 것과 같다. 그런데 불행하게도 대부분 사람들이 자기네가 만든 구유에 집착하여, 너희 구유보다 우리 구유가 더 좋다고 주장하거나 어느 구유가 '하나뿐이고 거룩하고 기독교적이고 사도적인' 유일한 구유인지를 가려내는 데 사로잡혀 인간 영혼 안에서 태어나는 하나님(the birth of God in soul)에는 끝내 닿지 못한다. 성경에는 예수가 이상적이고 훌륭한 구유를 만들라고 명령하는 구절이 없다. 오히려 그가 '외양간'에서 태어났다는 이야기에는 그 반대되는 진실이 암시되어 있다. 최소한 짐승들은 그에게 내어줄 방이 있었는데 사람들이 머무는 여관에는 그에게 비워줄 방이 없었다는 것 아닌가?

40년 남짓 사제로 일하면서 나는 대부분 교회의 사목 활동이 인간의 참된 변화에는 별로 영향을 미치지 못하면서 수동적인 복종을 요구하고, 심지어 방어적이고 공격적인 반응을 고무하는 데 치우쳐 있음을 보았다. 설교자로서 나는 자기한테 어떤 변화가 있기를 바라기는커녕 그런 것이 없기를 바라는, 또는 영적으로나 지적으로나 모르는 무엇에 대한 호기심조차 찾아볼 수 없는 '주일 지킴이들'의 구미에 맞도록 설교 내용을 끌어내리라는 압력을 받곤 했다. "신부님, 제발 우리 귀에 익숙한 말을 되풀이해 주시오. 농담도 한두 마디쯤은 좋소." 사회적 불의, 이혼, 사업 실패, 동성애, 내적 기도 생활 등 중대한 문제에 직면한 사람들이 판에 박힌 주일 행사 일정에 매달려 지쳐 있는 것을 나는 보았다. 그리고 **그들 모두 참 착한 사람들이다! 하지만 그들이 함께 춰야 하고 함께 출 수 있는 신성한 춤(sacred dance)에 대하여 말해주는 사람이 아무도 없는 까닭에 그들은 생존을 위한 춤(survival dance)만 계속 추고 있다.** 물론 성직자들도 '더 먼 여정'에 대하여 스스로 그것을 경험하지 못했다면, 무슨 할 말이 있을 것인가?

요컨대 대부분 사람들이 전반부와 후반부로 구성되는 옹근 인생의 과제가 있음을 알지 못하고 그래서 양쪽 과제를 모두 놓치고 만다는 얘기다. 주니어들은 자기네가 만드는 컨테이너가 그들이 기대하고 소망할 수 있는 전부라고 생각한다. 더 고약한 일은, 자기들이 몇 가지 신앙고백을 믿고 교회의 여러 프로그램에 참여하고 있으니까 이미 성숙하였고 집에 돌아왔다고 생각하는 것이다. 더 성숙해야 할 젊은 신자들이 아무런 신앙의 도전도 받지 않고, 하나님과의 신비스러운 합일에 대한 관심은 관두고 세상에 대한 봉사에도 별 관심을 기울이지 않는다. 거의 모두가 윌리엄 버틀러 예이츠의 '최선은 모든 확신의 결여, 최악은 열정적 격렬함의 충만'이 있는 질척거리는 중간 지점에서 생애를 마친다. 나는 이 모든 혼동이 한 인생의 전반부와 후반부가 서로 다르면서 상충되기도 하지만 함께 반드시 있어야 하는 것들임을 분명히 알지 못한 데서 온다고 확신한다. 그러니 한번 이 작업을 해보자는 거다.

우리는 언제고 생의 후반부로 접어들어야 한다. 그러나 기꺼이 들어갈 수 있으려면 첫 번째 임무를, 최소한 부분적으로라도, 잘 마쳤어야 한다. 이전 단계를 잘 살고 잘 마쳤을 때 우리는 곧장 앞으로 나아갈 수 있고, 기꺼이 나아가게 될 것이다. 때가 되면 우리 모두 은총의 고요한 움직임에 의하여 앞으로 나아가게 마련이다. 그러면 지난날의 낡은 인생 목록들이 별것 아니었음을 스스로 보여주거나 저절로 떨어져나갈 것이다. 우리 모두가 할 수 있는 일은 주어진 현재를 사는 것이요, 실은 그게 전부다. 우리는 인생의 강물을 더 빨리 흐르도록 밀거나 당길 수 없다. 오직 삶의 모든 단계들에서 최선을 다하여 살아갈 따름이다. 그것 말고 다른 무엇을 할 필요가 더 이상 없다!

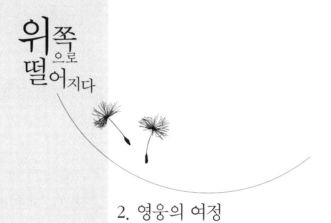

위쪽
으로
떨어지다

2. 영웅의 여정

The Hero and Heroine's Journey

2.

영웅의 여정

The Hero and Heroine's Journey

◆

우리는 다만 영웅의 길을 더듬거리며 쫓아갈 따름이다. 구역질나는 더러운 것을 보
았다고 생각되는 곳에서 우리는 하나의 신(god)을 볼 것이다. 누군가를 죽였다고 생
각하는 곳에서 우리는 우리 자신을 죽일 것이다. 바깥으로 나갔다고 생각하는 곳에
서 우리는 우리 존재의 중심으로 들어갈 것이다. 혼자 있다고 생각하는 곳에서 우리
는 모든 세상과 함께 있을 것이다.

- 조셉 캠벨

현대에 수집된 세계의 신화들을 살펴보면 여러 다양한 모습의 남자
와 여자들에게 서로 다른 상징들로 반복되는 조셉 캠벨의 '단조로운
영웅 신화'(mono-myth of the hero)가 발견될 것이다. [1] 영웅의 여정이 밟
고 나아가는 '무대들'이 내가 이 책에서 말하고자 하는 골자다! 나로서
는 어떤 점에서 이 고전적 여정의 내용을 펼쳐보려는, 특히 오늘날 영

적으로 심리적으로 더 분명해진 그 여정의 의미들을 그려보려는 것일 따름이다. 인류 역사상 그 어느 때보다도 지금 우리는 정신과 정보의 지구화에서 특별한 혜택을 입고 있다.

영웅들의 여정에서 발견되는 패턴은 '비전'(秘傳)에 대한 나의 연구 결과와 정확하게 연결되고 일치된다.(2) 이 여정에 들어선 사람들은 보통 다음 단계들을 통과하여 앞으로 나아간다.

1. 처음부터 그들에게 주어진, 모든 것이 풍부한 세계에 산다. 대개 왕자나 공주 아니면 신(神)의 가계에 속한 신분이다. 그런데 물론 그들은 그것에 대하여 아무것도 모르고 있다!(이 기억상실증에서, 우리의 신적인 DNA를 발견하는 것이 주요 과제인 종교의 핵심 문제가 암시된다.) 오디세우스는 아이다카 왕이지만 두 번째 여정을 마치기까지는 그곳을 다스리지 않는다.

2. 어떤 형태의 모험을 위하여 집을 떠나라는 부름을 받고 그럴 용기를 지닌다. 무슨 문제를 해결하기 위해서가 아니라 그냥 현재의 '안전지대'(comfort zone) 너머로 가보기 위해서다. 예컨대 젊은 왕자 싯다르타는 왕궁을 나서고, 성 프란체스코는 무슬림 세계로 순례를 떠나고, 에스텔 여왕과 잔 다르크는 동족을 구하기 위하여 전쟁터로 들어가고, 오디세우스는 트로이 전쟁에 참여한다.

3. 이 여정 또는 모험에서 그들의 '진정한 문제'가 발견된다! 거의 예외 없이 '상처'를 입고 커다란 딜레마에 부닥친다. 그리고 거기서 오는 어려움을 해결하는 방향으로 이야기가 펼쳐진다. 그들은 '언제나' 상처

를 입는다. 바로 그 상처가 비밀스럽고 성스러운 열쇠로 돼 그들의 인생을 극적으로 바꿔놓는다. 예수의 상처들이 지닌 정확한 의미가 바로 이것이다!

그들의 세계가 열리고 스크린은 더욱 커지고 그리고 그들 또한 커진다. 오늘 우리는 '오디세이'라는 단어로 이런 발견과 모험을 서술한다. 오디세우스는 패전하여 집으로 돌아갈 희망조차 잃고 해변에서 홀로 울고 있는 한 인간으로 이야기 속에 들어온다. 그것이 그를 끝없이 아프게 하는 상처인데 그에게는 너무나 불공평한 현실이다. 왜냐하면 그는 트로이 전쟁의 영웅이기 때문이다.

4. 영웅은 처음 자기가 떠났던 곳으로 돌아오고, T.S. 엘리엇의 말과 같이 '비로소 거기가 어떤 곳인지를 알게' 된다. 하지만 지금은 그곳 사람들에게 줄 선물과 혜택을 지니고 있다. '익명의 알코올 중독자들'(AA)의 마지막 단계인 회향(回向), 곧 자기가 배워서 알게 된 교훈을 남들에게 전해줘야 한다. 그러지 않으면 진정한 선물을 받지 않은 것이다. **자기한테서 흘러넘치는, 그리하여 남들한테 넘겨주어야 하는 생명 에너지를 경험하는 것이 영웅의 여정이다. 영웅은 넘치는 '에로스' 또는 생명 에너지를 발견하는데 그것은 죽음 에너지인 '싸나토스'를 소멸시키고도 남는다.**

진정한 생명 에너지라면 언제나 풍요로운 또는 흘러넘치는 생명력으로 경험되게 마련이다. 영웅은, 에릭 에릭슨의 말대로, 본인 한 사람뿐 아니라 다음 세대들한테도 관심을 가진 '생식하는'(generative) 인간이다. 영웅은 자기만의 작은 시간(small time)이 아니라 깊은 시간(deep time)을 살아간다. 실제로 어떤 사람이 깊은 시간을 살지 않는다면, 과거와 미래와 현재를 함께 살지 않는다면, 그를 과연 영웅이라 부를 수 있는 걸까?

흥미롭게도 이 고전적인 영웅들은 오늘 우리가 아는 영웅들과 많이 다르다. 오늘 우리가 말하는 영웅담에는 사회적 모형(母型, matrix)이 없다. 그들은 용감하고 근육질이고 유명하고 재주가 많고 부유하고 저 혼자 '환상적'이고 그리고 대개 자기 자신을 위하여 존재한다. 반면에 고전적 영웅들은 그 임무가 무엇이든 간에 '먼 길을 떠나는' 사람이고, 남들에게 풍부한 선물을 남겨주는 사람이다. 진정한 영웅은 공동선(共同善)에 이바지한다. 아니면 영웅이 아니다.

이른바 '아메리칸 아이돌'에 빠져 명성과 고액의 연봉과 인기를 추구하는 것은 한 사람을 유명하게 만들 수 있을지 모르나 진정한 영웅으로 만들진 못한다. 유명인사가 되거나 어떤 분야에서 살아남는 것을 영웅적인 삶과 혼동하는 것이야말로 오늘 우리가 얼마나 타락되어 있는지를 보여주는 증표다. 단순히 살아남거나 생명을 존속시키는 것은 도마뱀한테서도 발견되는 낮은 수준의 본능이다. 고전적 영웅하고는 거리가 멀다.

그저 살아남기 위해서가 아니라 성장하기 위해서 우리는 세상에 태어난 것이다. 누가 어렵게 살아남으면 물론 기뻐할 일이다. 실제로 상당한 용기와 노력이 필요했겠기 때문이다. 하지만 지금 그렇게 되살아난 생명으로 무엇을 할 것인가? 이것이 진정한 영웅의 질문이다.

영웅의 여정에서 보이는 첫 번째 증표는 그가 익숙하고 편안한 '집'(home)을 떠난다는 점이다. 전반부 인생을 사는 사람한테서는 좀처럼 일어나지 않는 일이다.(실제로, 삼십대를 넘어서도 '집'을 떠나지 않고 친숙한 환경을 벗어나려 하지 않는 사람이 뜻밖에도 많은 게 오늘의 현실이다!) 자기 위신을 세워주는 성공의 탑을 쌓는 일에, 토머스 머튼이 말하는 개인의 '구원 프로젝트'를 실행하는 일에 오랜 세월을 보냈거나 자기가 속한 단체, 종교, 가문을 성공적으로 세워놓았다면 그 사람은 거기를 떠나려 하지 않을 것이다.(오늘날 참 많은 사람들이 둘째, 셋째, 넷째 '집'을 가지고 있는데 그런 사람들이 어떻게 거기를 떠날 수 있을는지 정말 모르겠다.)

일단 '집 밖으로' 나오면, 당신의 '성채'와 '안전지대'를 벗어나면, 여정의 대부분이 스스로 생명-그리고 죽음-을 지니고 펼쳐진다. 결정적인 것은, 밖으로 나와서 더 크고 진정한 삶의 주제들 속으로 들어가는 일이다. 실제로 그것은 유일신을 믿는 세 종교들에 의하여 만들어진 바탕 신화의 기본 줄거리였다. 아브라함과 사라에게 야훼가 말한다. "네 고향과 친척과 아비의 집을 떠나 내가 장차 보여줄 땅으로 가거라."(창세기 12:1) 우리는 이 대목에서 가장 중요한 포인트, 우리에게 반드시 필요한 출발 포인트를 놓치는 대단한 능력을 지니고 있는 것 같다. 나아가서 아예 바탕 신화 자체를 뒤집어엎는 것이다! 종교가 말썽을 일으키는 것이 별반 놀랄 일도 아니다.

오디세우스로 하여금 아버지, 아내, 아들을 떠나 두 번째 여정에 오르도록 한 운명 또는 소명이 우리에게 있는지, 과연 '신에게 바치는 순종'이 우리한테 있는지 나는 그것이 의심스럽다. 그것은 예수가 여러 차례 언급하신 받아들이기 어려운 명령에 암시된 순종과 동일한 순종이다. "내게로 오는 사람이 자기 부모나 처자나 형제자매 심지어 자기 자신을 미워하지 않으면 내 제자가 될 수 없소."(누가복음 14:26) 이른바 가정의 가치를 소중히 여기는 그리스도인들이 이 충격적인 발언을 어떻게 받아들이는지 모르겠다. 예수는 어느 모로 보나 핵가족의 일원이 아니었다. 무엇이 수많은 성자들로 하여금 자기 뜻보다 '하나님의 뜻'을 좇아서 살게 만들었는가? 무엇이 평화봉사단 일꾼들과 선교사들로 하여금 조국을 떠나 낯선 곳에서 어려움과 곤경을 무릅쓰고 살다가 죽게 만들었는가? 나는 그것이야말로 더 먼 여정으로 들어오라는, 하나님을 더 깊이 순종하라는, 자기 영혼의 초대에 응한 것이라고 생각한다.

신약성경에서 예수의 제자들이 받은 소명 또한 노골적으로 아버지의 집과 여태까지의 생계 수단을 떠나라는 것이었다.(마태복음 4:22) 당신 제자들을 부르실 때 예수는 안정된 가정과 종교의 틀 안에서 행복하게 살고 있는 사람들에게 더 먼 여정을 권하고 있는 것이다! 새로운 안전 체제 또는 자기가 이끄는 종단에 들어오라는, 그러면 생계를 책임져 주겠다는 것이 아니었다. 그렇게나 많은 그리스도인들이 이 사실을 읽어내지 못한다는 사실에 나는 다시 한 번 놀라지 않을 수 없다. 하지만 아직 첫 번째 임무를 다하지 못한 사람들이 두 번째 부름에 응할 수 없음은 오히려 당연한 일이겠다. 먼저 자기 집을 잘 짓지 못한 사람은 그 집을 결코 떠나지 못할 것이다. 역설적이게도 당신 집을 잘 짓는 것이 그 문지방을 넘어 밖으로 나가게 하는 것이다.

기억하자. 다음번 여정의 무대에 설 준비를 갖추기까지, 오디세우스는 많은 땅을 정복하였고, 아브라함은 많은 재물을 축적하였고, 프란체스코는 수많은 파티를 즐겼고, 다윗과 바울은 수많은 사람을 죽였고, 막달라 마리아는 많은 남자들과 사랑을 나누었다. 많은 사람이 아직 첫 번째 임무를 마치지 못했기 때문에, 마지막 임무에서 배울 바를 다 배우지 못했기 때문에, 남들이 인정해 줄 만한 성공을 거두지 못했기 때문에 앞으로 나아가지 못한다. 알부쿼큐 교도소에서 원목 사제로 일하던 14년 동안 나는 많은 사람이 자신의 첫 번째 '집'을 제대로 또는 전혀 짓지 못한 까닭에 사춘기 정신 상태로 그냥 머물러 있는 것을 보았다. 그들은 좋은 부모의 보살핌을 받지 못했고, 전반부 인생을 안전하고 건강하게 보낼 수 있는 여건이 전혀 아니었다.

그렇다. 우리는 언제고 생의 후반부로 접어들어야 한다. 그러나 기꺼이 들어갈 수 있으려면 첫 번째 임무를, 최소한 부분적으로라도, 잘 마쳤어야 한다. 이전 단계를 잘 살고 잘 마쳤을 때 우리는 곧장 앞으로 나아갈 수 있고, 기꺼이 나아가게 될 것이다. 때가 되면 우리 모두 은총의 고요한 움직임에 의하여 앞으로 나아가게 마련이다. 그러면 지난날의 낡은 인생 목록들이 별것 아니었음을 스스로 보여주거나 저절로 떨어져나갈 것이다. 우리 모두가 할 수 있는 일은 주어진 현재를 사는 것이요, 실은 그게 전부다. 우리는 인생의 강물을 더 빨리 흐르도록 밀거나 당길 수 없다. 오직 삶의 모든 단계들에서 최선을 다하여 살아갈 따름이다. 그것 말고 다른 무엇을 할 필요가 더 이상 없다! 하지만 어떻게 하면 우리의 첫 번째 집을 잘 지을 수 있는지, 이제부터 그 방법을 좀 더 자세히 살펴보기로 하자.

우리는 나중에 인생의 내용들을 담기 위하여 튼튼한 컨테이너가 필요하다.
역설적이게도 당신은 당신의 에고를 버리기 위하여 강한 에고를 갖추어야 한다.
규범을 벗어던지기 위하여 엄격한 규범을 지켜야 한다. 당신은 얼마쯤 외부의
가치들에 저항함으로써 비로소 그 가치들을 내면화할 수 있다

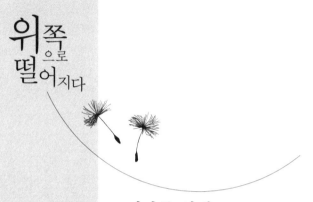

위쪽으로 떨어지다

3. 전반부 인생

The First Half of Life

3.

전반부 인생
The First Half of Life

◆

세상은 우리가 젊었을 때 그럴 수 있으리라고 상상했던 것보다 더 마법적이고 덜
예측 가능하고, 더 자율적이고 덜 통제 가능하고, 더 다양하고 덜 단순하고, 더 무한
하고 덜 알 만하고, 더 놀랍도록 골치 아픈 것이다.

제임스 홀리스

나는 인류 역사상 오늘의 포스트모던 시대만큼 법, 전통, 관습, 권
위, 경계 그리고 도덕의 가치를 낮게 평가한 시대가 없었다고 생각
한다. 진정한 삶의 카오스가 드러나기 전까지는 이런 컨테이너들이
우리에게 필요한 안전, 연속, 충동 제어, 예측 그리고 에고의 틀을 제
공한다. 내 견해로는 '스스로 알아서 하라'는 자유방임적 분위기에서
자란 사람보다 건강한 보수주의 분위기에서 자란 사람이 더 자연스
럽고 행복한 성장기를 가졌다고 본다.

나는 확신한다, 어떤 형태의 법 없이는, 그 법에 맞서 대들지 않고서는, 아무도 자연스럽게 그리고 쉽게 앞으로 나아갈 수 없다고! 미운 네 살과 십대의 반항은 우리 몸의 하드웨어에 처음부터 입력되어 있는 것이었다. **우리는 괜찮은 적대자를 두어 그것에 저항함으로써 자신의 기질을 시험해 볼 필요가 있다. 릴케가 말하듯이, "자질구레한 일들에 승리하면 스스로 자질구레한 존재라는 느낌이 남을 뿐이다."**

우리는 나중에 인생의 내용들을 담기 위하여 튼튼한 컨테이너가 필요하다. 역설적이게도 당신은 당신의 에고를 버리기 위하여 강한 에고를 갖추어야 한다. 규범을 벗어던지기 위하여 엄격한 규범을 지켜야 한다. 당신은 얼마쯤 외부의 가치들에 저항함으로써 비로소 그 가치들을 내면화할 수 있다. 이 모든 것이 강한 자아를 만들고 그것으로 예수께 '적극적인 순종'을 할 수 있다. 그리고 마침내 저 자신에 대하여 죽는 것이다. 그런데 실제로 너무 많은 사람이(특히 여자들과 불리한 조건의 사람들이) 미처 형성되지 않은 '자아'를 포기하여 왜곡되고 좌절된 인생의 주인공으로 되고 마는 것이 안타까운 현실이다.

이는 우리 모두에게 매우 중요한 패러독스다. 그리고 개인, 가족, 문화의 건강을 위하여 이 패러독스의 양쪽 측면이 분명해져야 한다. 그것은 지금 당장 우리 문명을 위하여 결정적으로 중요한 일이다. 사람들은 극단으로 한쪽에 치우쳐 있다. 어떤 사람은 자기 생애를 '희생적'이고 영웅적인 것으로 만들어 결국 주변 사람들을 희생시키고 덕분에 희생적이고 영웅적인 사람으로 대접받는다. 반면에 어떤 사람은 이기심으로 똘똘 뭉쳐 있어 무엇을 놓아버리는 연습을 하기는커녕 그 어떤 희생도 하지 않는다. 지긋하게 나이를 먹었으면서도 전반부 인생을 여전히 부여잡고 있는 사람은 잘 위장된 어른 젖먹이(adult infant)가 되어 대중문화로부터 성공한 '소년 노익장'이라는 말을 듣는다. 빌 플로트킨이 우리를 가리켜, '병든 청년문화'라고 말한 것이 하나도 이상할 게 없다.

그래도 역시 전반부 인생의 컨테이너는 전통과 집단 상징들, 충실한 가정생활, 권위에 대한 존중, 교회법과 사회법, 선(善)과 가치와 자기가 속한 나라, 민족, 종교에 대한 올바른 인식을 통하여(예컨대 유대인의 '선민의식' 같은) 제작되는 것이다. 아르키메데스를 다시 인용하면, 지구를 움직이기 전에 '지렛대와 그것을 세울 장소'가 있어야 한다. **오늘날 서양에서 교육받은 세련된 사람들은 자기 정체성이 매우 약하거나 아니면 지나치게 견고해서, 지렛대들은 많은데 그것들을 세울 든든한 장소가 없다.** 이는 우리가 전반부 인생의 임무를 제대로 해내지 못했음을 말해준다. 그런 마당에 후반부 인생으로 어떻게 들어갈 수 있겠는가?

대부분 사람들이 여러 새 지렛대들을 동시에 쓰면서 자기 힘만으로 자기 인생 무대를 설치하려고 한다. 인생에 대한 원리도 없이, 삶에 대한 윤리도 없이, 닥치는 순간마다 '이건 잡고 저건 버리며' 살아가는 기업인들과 군인들, 부모들을 본다. 이런 패턴의 삶은 본인과 남을 철저하게 통제하면서 소외된 에고로 살게 하고, 임박한 비극을 내다보게 하는 '오만'(hubris)이 어떤 것인지를 보여준다. 우리의 문화,

종교, 전통에 뿌리 내린 진정한 기초를 쌓기도 전에 스스로 세상이 놀랄 만한 성공을 거두겠다며 인생을 거꾸로 살 때 이런 삶의 패턴이 생겨나게 마련이다. 솔직히 말해서 이런 말을 듣고 싶지 않은 사람들이 있는 줄 알지만, 인생을 보수적인 또는 전통적인 분위기에서 시작하는 것이 훨씬 쉽다.

우리 모두 오랜 세월을 거치며 형성된 '다년생 전통'의 도움을 받을 필요가 있다. 아무도 '제로'에서, 저 자신만으로 출발 못한다. 인생은 너무나 짧은 것이고 우리는 저지르지 않아도 될 잘못을, 때로는 저지를 필요가 있는 잘못을 많이 저지르며 살고 있다. 우리는 우리를 추락하지 않게 지켜주는, 그리고 더 중요한 것은, 어떻게 추락할 것이며 그 추락에서 무엇을 어떻게 배울 것인지를 보여주는 사회와 가정이라는 생태 조직의 한 구성원이다. 그림 형제, 한스 크리스천 안데르센, 로라 잉글스 와일더 등의 이야기를 보면 거의 모든 이야기가 극복해야 할 딜레마, 문제, 곤경, 실패 그리고 악을 둘러싸고 펼쳐진다.

아이들이 추락하지 않도록 미리 막아주는 것은 그들에게 도움이 되지 않는다. 넘어진 사람만이 넘어졌다가 다시 일어서는 법을 배울 수 있기 때문이다! 달리는 자전거에서 '균형'을 잡을 수 있으려면 여러 번 넘어져봐야 한다. 스케이트를 타는 사람은 왼쪽 오른쪽을 번갈아 밀면서 자기가 원하는 방향으로 나아간다. 스스로 넘어지기를 허용하지 않는 사람은 인생의 균형을 잡지 못하는데, 자기가 그렇다는 사실조차 모른다. 그들의 삶이 그토록 고달픈 이유가 여기 있다. 잠깐이라도 좋으니 이 사실을 진지하게 성찰해 보았으면 한다.

어떤 조직에서도 우리의 바탕에 깔려 있는 '자기중심주의'를 드러내고 제한하기 위하여 그리고 최소한 어떤 공동체, 가정, 결혼 생활을 기능하게 하기 위하여 법과 전통은 반드시 필요한 것 같다. 십대 아이들이 놀이마당에서 나름대로 규칙을 열심히 지키는 것을 보면 그것이 인생 초기에 얼마나 절실히 필요한 것인지를 알 수 있다. 그것은 아이들의 세계를 구성하고 아이들에게 기본적인 삶의 의미와 안전을 제공한다. 인생 초장부터 완전 개방된 마당에 아이들을 방치할 수는 없는 일이다. 마리아 몬테소리, 루돌프 스타이너 같은 사람들이 가르쳤듯이, 아이들이 잘 자라려면 적당한 질서, 규율, 일관성이 필요하다. '될 대로 되어라' 식으로 자유방임적인 부모는 아이들로 하여금 안팎으로 울고불고 나대고 도망치고 분노하게 만든다.

'개와 소통하는 사람'으로 알려진 케이사르 밀란은 개들이 일정한 제약을 받지 않고 생긴 대로 방치되면 아무것도 배울 수 없고 온순하지도 않다고 말한다. 분명한 경계와 제약 안에서 '조용하면서 단호한' 주인과 함께 살 때 개들은 더 안심하고 더 행복하다. 우리 집 개 베누스는 줄에 묶여 나와 함께 산책할 때 더없이 행복한 모습이다. 인간의 경우에도 어느 정도는 그런 것 아닐까? 받아들이기가 좀 뭣하긴 하지만, 그렇다고 나는 생각한다.

십계명 같은 것이 없다면 지구상에서 우리는 무척이나 어지러운 존재일 것이다. 사람들이 당신에게 진실을 말하리라고 기대할 수 없다면 어찌되겠는가? 당신 물건을 훔치지 않으리라고 믿을 수 없다

면? 자기 부모를 공경할 줄 모른다면? 모든 권위를 불신하고 비아냥
거리는 것으로 인생을 시작한다면? 배우자들 사이에서 오가는 "당신
을 사랑한다"는 말이 그냥 한번 해보는 헛소리라면? 르네 지라드가
'모방적 경쟁'이라고 말하는 탐욕이, 오늘날 자본주의 나라들에서 그
렇듯이, 아무 제약도 받지 않고 마냥 커지도록 내버려둔다면? 그와
같은 자유방임적 혼란은 문명사회나 행복한 세상 또는 신뢰할 만한
사회의 종말을 의미한다.

　혹여 우리가 이미 그러고 있는 것 아닌가? 법이 없으면 인간 사회가
무정부적인 혼돈 자체일 것이다. 그리고 그 혼돈은, 바벨탑 공사를 중단
시킨 언어의 혼잡처럼, 세대를 거치면서 더욱 증폭될 것이다. 우리는 중
고등학교에서 '좋은 부모 되는 법'을 가르칠 필요가 있다. 왜냐하면 너무
나 많은 아이들이 좋은 부모 밑에서 자라지 못한 부모 밑에서 제대로
양육되지 못하고 있기 때문이다. 오늘 우리 사회의 너무나 많은 사람이
기본적인 인간관계의 기술을 익히지 못하고, 마음 다스리는 법을 수련
한 적도 없는 사람들에 의하여 언어적·육체적·심리적으로 학대받고 있
다.

　**인생 전반부에 '제한된 상황' 속에서 단련되지 못한 사람들은 자녀
를 양육하는 부모 자리에 설 수 없다. 그들 자신이 아직 어린애이기
때문이다. 독일 철학자 칼 야스퍼스에 따르면 제한된 상황이란 공포,
책임, 죄의식, 불안 따위를 동반하는 순간들이다. 그 안에서 사람은
자신의 한계와 속박에 직면하여 그것들이 주는 가짜 안전을 포기하
고 그것을 넘어 적극적 방식으로 자아의식의 새로운 영역에 들어간**

다. 달리 말하면 사람이 성장하기 위하여, 역설적이게도, 제한된 상황과 경계가 필요하다는 얘기다. 완전 개방된 마당은 아이가 어른으로 성장하는 데 도움은커녕 오히려 방해가 된다. 야훼는 아담과 하와를 위하여 제한된 상황을 마련하고 그들에게, 그들이 어떻게 할지 잘 알면서 선악과를 따먹지 말라고 말씀하신다.

당신 사업이 제때에 차질 없이 잘 이뤄지기를 바란다면 극한 상황들에 직면하며 살아온 사람을 직원으로 채용하는 것이 최선이다. 그렇게 단련된 사람은 착실하고 긍정적인 태도로 끈기 있게 맡겨진 일을 감당할 것이다. 사업이 망하기를 바란다면, 버릇없이 자라서 별 것 아닌 일을 하고도 "참 잘했다"는 말을 들어야 하고, 자기가 쓴 돈을 다른 사람이 지불하고, 자기중심적인 성질이 도전받거나 꺾여본 적 없는 사람을 고용하면 틀림없을 것이다. 솔직히 말해서 이것이 오늘 미국의 노동 현장이나 학교에서 보는 현실인 것 같다. 대학교 여름 강좌에서 학생들이 제출한 페이퍼를 보면 그 형식이나 내용면에서 봐주기 어려운 것들이 태반이다. 그런데도 그들 '성년(成年)'들께서는 A학점을 받지 못했다는 사실에 충격을 받는다. 나라의 장래를 위하여 딱한 일이라 아니할 수 없다.

조건부 사랑과 무조건 사랑

이번 세기에 우리는 억압적인 체제에 항거하기 위해, 또는 영으로 충만한 체제를 겪어보지 못했기 때문에 발생된 공산주의, 파시즘, 테러리즘 그리고 고삐 풀린 자본주의(그렇다. 월 스트리트는 우리네 이데올로기의 한 구현이다!)에 생애를 바친 수많은 사람들을 보았다. 전례 없이 우리는, 대부분은 아니라 해도, 상당히 많은 사회 운동 단체들 밑바닥에 잘못 자리 잡은 분노가 깔려 있는 것을 본다. 그와 같이 부정적인 기초 위에 세워진 건물에서 부정적인 일들이 벌어지는 것은 피할 수 없는 결과다.

이런 '이즘'들은 결코 '사랑의 문명' 또는 긍정적인 에너지를 창출하지 못한다. 그것들은 대개 사람의 머리와 이기적인 성품에서 나오는 것으로서, 영혼을 바깥에서 시들고 굶주리고 슬퍼하게 한다. 원로들이 배제된 우리 역사는 자기들의 일시적인 기득권을 옹호하기 위해 습관적으로 반응하는 주니어들에 의해 주도된다. 거기에선 '뒤에 올 일곱 세대를 위하여 어떻게 하면 좋을까?'를 생각하는 이로쿠아 원주민들의 '깊은 시간'에서 내다보는 전망을 찾아볼 수 없다.

이 말을 그저 낡은 종교적 강화 정도로 생각할 독자들을 위하여, 『사랑의 기술』(The Art of Loving)을 쓴 에리히 프롬을 인용해 보겠다.[1] 그는 자기가 알고 있는 가장 건강한 사람들, 자연스러운 방식으로 양육된 사람들은 부모와 집안 어른들 슬하에서 조건이 붙은 엄한 사랑과 무조건 사랑을 아울러 경험한 사람들이라고 말한다. 성 프란체스코, 존 뮈르, 엘레노어 루즈벨트, 마더 테레사 같은 영향력 있는 사람들을 보면 과연 그런 것 같다.(이 명단에 당신이 아는 사람들 이름을 첨부할 수 있을 것이다.) 나도 어머니한테서는 조건부 사랑을, 아버지한테서는 무조건 사랑을 받고 자랐다. 비록 젊어서는 어머니와 다

투기도 하지만 나중에 우리는 어머니가 그렇게 우리를 도와주셨음을 깨닫게 된다. 그리고 어머니 맞은편에서 균형을 잡아준 아버지가 존재했다는 사실에 감사하게 되는 것이다.

나는 이런 말이 최신 심리학에서 "옳다"고 인정받지 못한다는 사실을 알고 있다. 우리 모두 무조건 사랑 말고는 아무것도 필요치 않다고 생각하는 경향이 있기 때문이다. 모든 법, 규율 또는 제약이 조건부 사랑의 다른 얼굴이다. 같은 성경인 신명기와 요한복음에서 하나님의 조건부 사랑과 무조건 사랑이 함께 서술된다는 사실은 매우 흥미롭다. 그러나 유일한 성경의 약속은 '무조건 사랑'이 마지막 말이 된다는 것이다!

가장 효율적인 조직은 '좋은 보스'와 '나쁜 보스'가 함께 운영하는 조직이라는 말이 있다. 한쪽이 우리를 강하게 걸집시키면, 다른 한쪽은 우리에게 듣기 힘든 진실을 말해주고 분명한 목표와 한계를 설정해 준다. 우리의 자유를 제한하는 것들에 대한 철부지 반항은 고용인, 학생, 팀 동료, 시민으로서 갖추어야 하는 세련된 자세를 가르치거나 말해주지 않는 부모만큼이나 우리에게 도움을 주지 못한다. 인간적이고 정의로운 문명은 누군가의 아픔을 먹어야 세워지는 것 같다.

나는 여기서 프롬이 현명하고 옳았다고 믿는다. 그리고 그의 말은 내가 살아오면서 지켜본 사실에 완전 부합된다. 우리는 정당한 에고의 틀과 강한 정체성을 만들기 위하여 맞서 부딪칠 장벽이 있어야 하고, 이리저리 좌충우돌하는 방황과 가시 돋친 채찍을 경험할 필요가 있다. 그런 경험을 통하여 자신의 더 깊은 가치를 내면화하고 감수성을 배양하며 자신의 나르시시즘을 끌어내리는 것이다. 한계에 저항하여 대드는 경험은 실제로 우리에게 대단히 많은 가르침을 준다. 로마교회에 보내는 편지에서 바울은 "탐내지 말라는 법이 없었으면 탐내는 게 뭔지 몰랐을 겁니다"(로마서 7:7)라고 '율법'을 정교하게 반박하며 말한다.(그의 신경질환을 인정하지 않을 수 없지만 그는 역시 영적 천재였다. 신경질환과 균형이 한 사람 속에 아울러 존재할 수 있다는 사실을 알아둘 필요가 있다.)

부모와 집안 어른들한테 오랫동안 불평불만인 사람은 스스로 자아도취에 빠지기 쉽다. 이는 교도소를 포함하여 여러 기관에서 상담자로, 고해신부로 일한 경험을 바탕으로 하는 말이다. 한때 미국에서는, 예수와 다른 많은 사람이 자신의 상처를 자기와 남들을 함께 해방시키는 성스러운 상처로 만들듯이, 자기 상처를 '세상을 구원하는' 상처로 활용하는 대신에, '자기와 동일시하는 상처'로 남겨두는 (자기 상처를 자기와 동일시하여 남의 동정을 구하거나 남을 섬기지 않는 핑계로 삼는) 것이 허용되었다.

자기 상처를 사회에 주는 선물로 바꿔놓은 대단한 사람들이 없으면 오프라는 쇼를 진행할 수 없을 것이다. 게다가 그들은 대개 종교와 별로 깊은 관계가 없는 사람들이다. 그들은 다른 사람들을 염려하여, 그들이 자기네가 받은 것과 같은 상처를 입지 않기를 바란다. 그들을 볼 때마다 나는 두 아들이 있는데 하나는 "예"라고 말했지만 그대로 하지 않고 다른 하나는 "아니"라고 말했지만 아버지가 시킨

대로 포도원에 가서 일했다는 예수의 비유가 생각난다. 예수는 비록 세리나 창녀라서 올바른 신조를 제대로 지니지 못했더라도 실제로 아버지 명을 좇아서 그대로 행한 사람들이 먼저 "하나님 나라에 들어가고 있다"고 말한다.(마태복음 21:28~32) 예수는 많은 사랑을 받지 못한 사람들한테서 오히려 사랑을 발견하는 것 같다. 어쩌면 사랑에 대한 목마름이 그들로 하여금 사랑을 받고 사랑을 줄 수 있게 했는지 모르겠다. 이 또한 내가 살면서 얻은 경험들에 부합된다.

창조적 긴장 속으로

성숙한 사람은 엄격했던 부모, 규칙을 지켜야 했던 교회, 가혹했던 코치, 과제를 많이 내주던 교수 등에게 감사한다. 하지만 내개 얼마쯤 세월이 흐른 뒤의 얘기다. 이것이 초월하면서 동시에 내포한 사람이 보여주는 명백한 증표다. 오십대에서 칠십대 사이의 사람들에게 기대할 만한 일이다. 이십대에서 사십대 사이의 사람들한테서는 보기 어렵지만 유별나게 조숙한 사람의 경우는 예외다. 물론 어떤 사람은 강간이나 심한 학대로 입은 상처가 너무 깊어서 그것이 치유되는 데 상당히 오랜 시간이 걸릴 수 있다.

나는 당신을 매우 창조적인 긴장(creative tension) 속으로 초대코자 한다. 바울이 로마서와 갈라디아서에서 말했듯이, 율법과 자유는 영적 성숙을 위하여 함께 필요한 것이기 때문이다. 바울은 이것을, "내가 율법과 예언을 없애러 왔다고 생각하지 마시오. 없애러 온 게 아니라 완성하러 왔소"(마태복음 5:17)라고 하면서 "율법은 저렇게 말하지만 나는 이렇게 말한다"며 같은 말을 일곱 번이나 되풀이한 예수로부터 배웠을 것이다. 이처럼 창조적 긴장 속에서 사는 법을 직접 배웠음에도 불구하고 그대로 하는 그리스도인들을 만나보기가 참으로 어렵다. 대개 율법에 무릎을 꿇거나 아니면 화를 내며 율법을 거역한다. 이 둘이 모두 성숙하지 못한 반응이다.

실제로 나는 많은 유대교인, 힌두교인, 불자들이 창조적 긴장 속에서 사는 것을 보았다. 하지만 율법과 자유를 아울러 살아내는 그리스도인을 만나기란 참으로 드문 일이었다. 우리네 서양의 이원론적 사고방식으로는 패러독스를 제대로 소화할 수가 없다. 묵상하는 마음이 없으면 창조적 긴장 속으로 들어갈 수 없다. 그것들이 우리에게 가르치는 것을 배우기보다 먼저 판단하고 문제의 철저한 해결책을 모색하는 것이 더 쉽다. 하지만 이는 지혜의 길이 아니다. 아직 전반부 인생을 살고 있는 사람들의 길이다.

오늘의 문명인들보다 토착민들의 '원시적' 사회가 이 긴장을 더 잘 살아낼 수 있을 것이다.[2] 비록 우리만큼 개별화되지 않았고 덜 발전되었다고는 하지만 전통 사회들이 인생 전반부를 잘 채움으로써 더 건강한 정신과 에고의 틀을 만들었다는 증거는 많이 있다. 나는 '미개발'된 인도, 필리핀, 라틴 아메리카의 토착민들에게서 그것을 목격하였다. 그들은 우리보다 훨씬 덜 신경이 날카롭고 덜 불안하고, 우리보다 훨씬 쉽게 실패와 상실을 견뎌내는 것 같다. 세계의 스페인어 통용 지역이나 폴란드어 통용 지역을 다녀본 사람이면 이 사실을 시인할 것이다. 오웬 바필드는 그들이 단순하지만 현실과 하나님에 '근원적으로 동참하는' 것을 즐길 줄 아는 사람들이라고 말한다.

서양 세계에서는 그토록 교육 수준이 높고 종교적으로 세련된 사회에서 '걸어 다니는 상처'들을 치료하고 회복시켜 줄 진료 기관, 복지 시설 등을 그들을 가두어둘 감옥과 함께 아무리 많이 지어도 모자랄 것처럼 보인다. 어떻게 이럴 수 있는가? 어떻게 신경질환과 억압이 덜 예외적이고 더 보통인 것으로 통할 수 있는가? 우리네 늙은이들 가운데는 원로가 거의 없다. 내 눈에는 그렇게 보인다. 그들이 진정한 원로라면 우리 모두 그들과의 사랑에 빠져 있을 것이다.

지난 수세기 동안 뻔뻔스러운 무례(無禮)가 법과 권위를 거슬러왔다. 프로테스탄트(저항하는) 종교개혁, 계몽되지 않은 계몽주의 또는 민주주의의 발흥이 있은 뒤로(물론 모두 필요한 것들이다!) 전통이나 한계를 대변하는 발언은 대중의 인기를 얻지 못했다. 지금 우리는 일종의 '자유 타락'(free fall) 안에서 아이들을 낳아 기르며, 어떤 행운으로, 또는 비상한 깨달음으로 그들이 마법처럼 지혜로워지기를 희망한다. 어린 시절부터 에고가 제대로 도전받거나 제재당해 본 경험이 거의 없다. 울타리 없이 완전 개방된 생활환경은 우리를 지나치게 많은 선택권들의 희생물로 만든다. 그 선택권들은 곧장 우리를 고단하게 하고 점령해 버린다. 법과 틀은, 자주 오류를 범하긴 하지만, 우리의 철부지 어린애 같은 떠벌림에 일종의 재갈을 씌우면서 나름대로 정당한 바깥세상과 건강한 관계를 맺게 도와준다.

충족되지 않은 전반부 인생

물론 나는 잘못된 법, 관습, 권위, 전통들이 인류 역사와 개인의 발전에 끼친 해독을 잘 알고 있다. 틀과 권위에 대한 생각 없는 의존에서 나온 파괴적이고 미숙한 상태에 대해서도 알고 있다. 그것들로부터 나온 맹목성과 분노는 참으로 파괴적이다. 필요한 자기 신뢰와 필요한 자기 의심을 함께 가져가 버리기 때문이다. 우리는 오늘날 정치판의 허망한 논쟁에서, 대중의 기본적인 자기 이해의 결핍(급하게 내놓는 대답은 필요한 탐색을 질식시킴)에서, 세계 모든 종교들의 두려움에 찬 근본주의에서 이 현상을 본다.

인류 역사의 수많은 전쟁, 비극, 대학살이 지도자의 통솔에 맹목으로 따르는 대중들의 협조로 이루어진 것들이었다. 그런 지도자와 이데올로기가 주는 약속을 의존하는 데서 오는 이상한 위로가, 그것들이 우리를 악으로 이끄는 데도 불구하고 존재한다. 그것들은 우리를 스스로 생각하고 스스로 책임져야 한다는 무거운 짐에서 놓여나게 한다. 또한 우리는 친숙하고 몸에 밴 자신의 집단을 사랑하는 피조물이다. 우리 모두 좋건 나쁘건 간에 어린 시절 경험한 조건들에 깊숙이 매여 있다. 거의 모든 사람이 그러지 않을 수 없는 궁지에 몰리기까지는 자기가 속한 집단의 안락과 안전을 등지고 떠나려 하지 않을 것이다. 그러기에 복음서는 가정을, 가족과 함께 그동안의 생계 수단을 떠나라고 거듭거듭 말하고 있는 것이다.(마가복음 1:16~20) 그 필요한 '결별'이 있기까지는 질서 자체가, 나의 특별한 질서가 일종의 '구원'으로 여겨질 것이다. 그것은 성숙한 종교가 제공하는 진정한 해방을 대신하는, 가장 보편적이면서 가장 진짜 같은 가짜 대용품이다. "규율을 지켜라. 규율이 너를 지켜줄 것이다!" 신학교에 들어가는 날, 우리는 이 말을 들었다. 프란체스코 수도회 사람이면 더 잘 알 것이다.

하지만 나는 지금 여기에서 '이것 아니면 저것'을 말하려는 게 아니다. 내가 말하고자 하는 것은 '이것도 저것도'다. '규율을 입증하는 예외'를 말하려는 게 아니라, 어떤 이유로든 간에 규율을 상실하거나 위반하는 것이 규율의 목적과 의미를 입증한다는 얘기를 하려는 것이다. **당신은 먼저 동산의 열매를 먹어야 한다. 그래서 그 맛이 어떤지를 알아야 한다. 그런 다음, 그것을 먹고 나서 당신이 무엇을 잃었는지 알아야 한다.** 어쩌면 현재의 포스트모던 시대야말로 인류 역사상 규율을 알고 동시에 그것을 비판하는 자유를 함께 행사하는 첫 번째 시대일는지 모르겠다. 지금은 엄청나게 빠른 속도로 모든 것이 바뀌면서 의식의 진화가 이루어지는 전환기다.[3]

로마 가톨릭 교회 안에서 우리는 지금, 우리가 정상을 차지하고 안전하고 스스로 분명하고 그러면서 함께 발맞추어 행진하던 '참 좋은 옛날'로 돌아가려는 열망을 품고서, 어떤 사람이 '퇴행하는 페르소나(persona)의 복고(復古)'라 부르는 과정의 거대한 본보기를 보여주고 있다.(나 자신을 변명하려는 게 아니다. 비록 언제나 대다수 사람들에게 좋은 것은 아니었지만 나 또한 그 '참 좋은 옛날'을 살았기 때문이다.) 우리는 특히 교회 안에서 안전한 평생직장을 찾고 있는 요즘의 젊은 사제들에게 이런 현상을 본다.

그렇지만 자기의 전통, 뿌리, 상징, 자기 정체성을 회복하려는 열망과 함께 부흥하는 이 새로운 종족주의(tribalism)는 세계의 모든 종교들에서 발견되고 있다. 그것을 가리켜 지금 이 나라를 지배하고 있는 '정체성 정책'(identity politics)이라고 말하는 사람도 있다. 현재 60억 인류 사이에서 일어나고 있는 거대하고 두려운 지구화의 흐름에 비추어볼 때 이해될 만한 일이긴 하지만, 이는 우리를 당파적 분열의 함정에 빠트려 원로들의 초당파적 성숙에 미치지 못하도록 작용할 수 있다. 사람들은 다른 누구와 싸워 이김으로써 진실의 높은 자리를 차지할 수 있다는 터무니없는 생각을 하고 있다! 참으로 슬픈 일이다. 하지만 분노하는, 또는 두려워하는 이원론적 사유가 지속되는 한 그럴 수밖에 없는 일이다.

인생 전반부의 임무를 다하지 못한 사람은 다시 그리로 돌아가 그것을 마저 하려고 시도하는데, 지나친 경우가 많이 있다. 낡은 시대의 스타일과 상징들이 현대의 소비주의, 기술주의, 군사주의, 개인주의 이데올로기들과 상충하는 자리에서 흔히 그런 패턴들이 보인다. 그것이 개인의 눈먼 오점(汚點)으로 되어 그들로 하여금 진정한 보수주의와 아주 멀리 어긋나게 만든다. 실제로 대부분의 복음주의자들, 모르몬교인들, 전통파 가톨릭 신자들에게서 보듯 신보수주의자들은 체제 안에서 어떻게든지 앞으로 나아가고 위로 올라가려는 열성파들이다. 아미쉬, 세이커, 메노나이트, 가톨릭 일꾼들, 가난뱅이 클레어, 퀘이커 같은 실제적으로 생활의 변화를 강조하고 실천하는 집단들만이 진정한 보수주의라 불릴 수 있다.

나는 14년 동안 교도소 사목을 하면서 이 패턴을 보았다. 재소자들 거의 모두가 지나치게 종교적이며 도덕적이고 준법적인 사람들이었다.(믿거나 말거나!) 그리고 많은 사람이 지나칠 만큼 만사에 지능적이었다. 그들은 공식적으로 자기에게 굴욕감을 안겨준 범죄자 신분을 만회할 수만 있다면 무엇이든지 할 수 있을 것 같았다. 거기서 가톨릭 사제로서 내가 마지막까지 의지할 수 있던 것은 방대한 양의 '종교적' 언어와 예수 이야기였다. 그것은 실패한 전반부 인생으로 되돌아가 그것을 회복하려는 노력이었는데, 오래 지속되는 경우가 거의 없었다.

아버지의 부재(不在), 알코올 중독, 지나치게 엄한 통제 또는 육체적 정신적 학대 등으로 인하여 상처 입은 이른바 '아버지 상처'(father wound)를 가진 젊은이들이 지난 10년에서 20년 사이의 신학교 신입생들 가운데 다수를 차지하고 있음이 최근 조사 결과 밝혀졌다.[4] 이는 가톨릭 신학교, 교도소, 군대 등에서 일한 나 자신의 경험과도 부합된다. 그들은 대부분이 1960년대 말 이후로 안정과 지속성과 확실성을 찾아보기 어렵고 교회도 제2차 바티칸 공의회를 통하여 스스로 개혁해 보려고 애쓰던 포스트모던 시대의 유럽과 미국에서 성장한 젊은이들이었다.

1968년 무렵부터 모든 것이 유동(流動)하였다. 게다가 끊임없이 터져 나온 공공 스캔들과 그것들을 무마하려는 시도들이 15년 남짓 계속되는 동안, 주교들도 사제들도 신학교들도 인생 전반부의 임무를 감당할 기회를 거의 얻지 못했다. 그것은 안에서 자란 유동하는 굶주림이었다. 그래서 그들은 처음에 해야 했던 일을 하기 위해 뒤로 돌아갔다. 그렇게 된 것이 그들의 잘못 때문은 물론 아니었다. 그들은 우월하면서 안전한, 그리고 본디 그들의 것인 '부족'(部族, tribe)을 원하였다. 남자들은 '아들'로서 가져보지 못했던 남성 에너지를 발휘해 보고 싶어서, 또는 '자유 기업'과 사회의 진보라는 남성적 게임을 주도하고 싶어서, 남성들의 그룹을-예컨대 교회 같은-갖고자 하였다. 나도 그러지 않았던가? 잘 모르겠다. 그러지 않았기를 바랄 따름이다.

그 결과 자기들의 안전하고 우월한 그룹을 보호해 줄 무장 마차가 사방에서 에워싸기를 바라면서 특별한 옷차림, 타이틀, 종교적 겉치장에 몰입했지만 자기들의 통제를 벗어난 세계에 대하여는 아무 관심도 두지 않는, 엄숙하고 그만큼 위태로운 신학생들과 젊은 성직자들이 쏟아져 나왔다. 에큐메니즘, 종교 간의 대화, 사회 정의는 그들에게 죽은 주제들이었다. 누구든지 자기의 정체성을 단단하게 고집하는 사람하고는 진정한 대화가 불가능하다. 전반부 인생에서 경험하지 못한 가족과 부모의 보살핌, 안전과 질서와 자부심을 이루고 맛보려 하는 한, 누구도 후반부 인생의 영성에 대하여 많은 것을 알 수 없다.

나와 같은 세대의 많은 사람이 이 옛길로 되돌아갈 수 없다. 그것이 나쁜 길이어서가 아니라 이미 그 길을 걸었고 거기서 배울 것들을

배웠기 때문이다. 불행하게도 오늘 우리는 여전히 개인적인 성공의 탑을 쌓는 데 골몰함으로써 젊은 인생 초보자들에게 원로가 되어줄 능력이 거의 없는 교육자들, 성직자들, 정치 지도자들을 각 부문에서 보게 된다. 어떤 의미에서 그들 자신이 인생 초보자들이다. 자아 발견은 심리학의 한 과제인데 사랑은 '여성의 간지러운 놀이'로, 비판적 사유는 불충(不忠)으로 내몰렸다. 동시에 법, 의전(儀典), 속세에서 출세하려는 성직자들의 정치 참여가 신성한 만남과 정직한 인간관계의 자리를 대신 차지했다. 교회의 장래를 위해서나 사회의 장래를 위해서나 결코 괜찮은 조짐이 아니다.

그런즉 이 모든 문제를 뚫고 앞으로 나아갈 길을 모색해 보자. 영적으로 말하여 '죽은 끝장'(dead end)이란 없는 것이기 때문이다. 하나님은 이것 또한 어떻게든 활용하실 것이고, 우리를 끌어당겨 '위대한 삶'(the Great Life)으로 나아가게 하실 것이다. 하지만 우리가 만일 공동의 위장(僞裝)과 '죽은 끝장'을 미리 알아볼 수 있다면 더 자연스럽게 앞으로 나아가는 길이 보일 것이다.

당신의 충직한 병사를 전역시켜라

콜로라도 두란고에 있는 '아니마 연구소'(Anima Institute)에서 빌 플로트킨은 사람들을 자연 속에 머물며 오래 단식하고 명상하게 한다. 그의 작업은 사람들로 하여금 그가 말하는 '에고 중심의 세계관'에서 '영혼 중심의 세계관'으로 옮겨가게 하는 매우 특별하고 진정성 있는 프로그램을 전개하는 것이다.[5] 플로트킨도 나처럼, 에고 중심의 전반부 인생에 머물러 있는 사람이 너무 많은 현실을 안타까워한다. 그의 작업은 제2차 세계대전 이후 일본에서 사람들이 어떻게 전반부 인생에서 후반부 인생으로 성숙할 수 있었는지를 보여준다. 전장에서 돌아온 수많은 병사들이 다시 시민 사회의 일원으로 돌아갈 준비가 되어 있지 않고 그럴 힘도 없다는 사실을 일본의 몇몇 공동체들이 알아차렸다. 그들이 여태껏 지니고 있던 유일한 자기 정체성은 조국에 '충직한 병사'에 있었다. 바야흐로 쓸모 있는 시민이 되어 공동체 속으로 다시 들어가려면 더 넓은 자기 정체성이 그들에게 필요했다.[6]

그래서 일본 공동체들은 한 병사가 인민을 위하여 수고한 공로를 치하하고 그에게 감사를 표하는 공식적인 의전(儀典) 행사를 주관하였다. 장시간에 걸쳐 준비된 순서를 모두 마치고 한 원로가 일어나서 엄숙한 음성으로 다음과 같이 선언한다. "전쟁은 끝났다! 그동안 그대가 우리를 위하여 수고한 모든 일을 놓아줄 때가 되었다. 이제 공동체는 한 병사로서가 아닌 한 인간으로서, 한 시민으로서의 그대가 필요하다." 우리는 이 과정을 "너의 충직한 병사를 전역시켜라"는 말로 대언할 수 있을 것이다.

이런 종류의 '마무리'가 인생의 중대한 고비를 넘는 시점에서 우리 모두에게 절실히 필요하다. 그와 같은 통과의례를 거치지 못해 많은 사람이 자기 인생의 후반부로 순조롭게 그리고 분명하게 넘어가지 못하기 때문이다. 아무도 그들에게 전반부 인생의 제한되고 미숙한 세계관을 보여주지 않았고 그래서 똑같은 삶을 계속 되풀이하고 있다. 분명한 마무리와 전환을 통해 앞으로 나아갈 방향을 제시했다는 점에서 일본 사람들은 참으로 현명했다. 서양인들은 의전이 결여되어 있다. 그래서 인류 역사상 특이한 존재들이다. 교회의 거룩한 일들조차 신도를 교회에 충실한 병사로 만드는 데 집중되어 있다. 밖으로 나가거나 앞으로 나아가는 여정, 예수가 우리를 초대하는 그 여정에 관한 말을 교회에서는 거의 들을 수 없다.

국가 또한 생각하는 사람, 비판하는 사람, 더 넓은 세계의 시민이 아니라 애국하는 국민을 원한다. 이른바 기독교 국가들에서 절망하여 자살하는 사람과 중독자들이 많은 현실은 별로 이상할 게 없다. 그들의 일생이 교회와 결속된 국가에 묻혀 완성을 보지 못한 채 중단되고 만다.

충직한 병사는 예수의 방탕한 아들 비유에 나오는 큰아들과 같다. 엄정한 실력 제일주의 사회(meritocracy)에 대한, 자기 체면에 대한 충실함과 아버지에 대한 복종심 때문에 그는 아버지가 차린 잔치에, 아버지의 권유에도 불구하고, 참석할 수 없다.(누가복음 15:25~32) 우리는 그가 잔치에 참여했다는 말을 끝내 듣지 못한다! 이것이야말로 첫 번째 단계에 머물러 있는 종교에 대한 준엄한 심판 아닌가? 그것도 '보스'한테서 직접 내려진! 예수는 바리새파 사람과 세리 이야기(누가복음 18:9~14)에서도 같은 내용의 말을 하고 있다. 전자는 법을 충실하게 잘 지켰지만 예수에 의하여 잘못된 사람으로 판명되었고, 후자는 법을 지키지 못했지만 '하나님 보시기에 옳은 사람'으로 판명되었다. 일반

적으로 '공적'(功績)을 따지는 우리의 사고방식에 정면으로 도전하는 전형적인 '역전의 신학'(reverse theology)이다. '큰아들'과 '바리새파 사람'은 둘 다 교회가 우리에게 아무쪼록 그렇게 되라고 권하는 교회의 충직한 병사들이다. 그러나 예수는 두 사람 모두 중요한 포인트를 놓쳤다고 말한다.

충직한 병사의 음성은 우리 전반부 인생을 관통하여, 길을 건널 때는 양쪽을 잘 보라고, 중독자가 되지 않기 위하여 충동적인 감정을 잘 제어하라고, 자신의 존엄성, 정체성, 인생의 방향과 의미, 경계를 지키기 위하여 자기 자신에게 '아니'(No)라고 말하는 법을 배우라고 틈틈이 일러준다. 우리는 좋은 출발을 내딛기 위하여 이런 교훈들을 반드시 배워야 한다. 보수적인 세계관과 전통을 존중하는 자세로 인생을 시작하는 것이 훨씬 쉽다. 비록 당신으로 하여금 '가시 돋친 채찍'(사도행전 26:14)에 발길질하게 만든다 하더라도 그것이 길게 볼 때 훨씬 안전하고 효과적이다. 다만 **너무 많은 사람이 첫 번째 단계와의 사랑에 빠져서 그것을 든든한 담장으로 에워싸는 일에 평생을 바친다는 사실이 안타까울 따름이다.**

삼십대가 되기까지 우리를 지켜주는 충직한 병사가 없다면, 세상의 감옥들과 정신병원들이 훨씬 많은 사람으로 채워질 것이다. 테스토스테론(남성 호르몬의 일종), 중독, 에고(ego), 난잡한 성행위, 허영심 같은 것들이 우리의 삶을 더 많이 장악할 것이다. 충직한 병사가 없으면 우리는 인생 목적도 없이, 홈 베이스도 없고 지속적인 인간관계도 없이 뒤죽박죽으로 살아갈 것이다. 지렛대는 수도 없이 많은데 그것을 세울 자리가 없다.

　역설적이게도 당신의 충직한 병사는, 그 음성을 하나님의 음성으로 착각할 만큼, 당신에게 안전과 확실성을 보장해 준다. 내적이고 비판적인 그 음성이 당신 중심의 권위에서 오는 음성으로 들리며 당신의 안전을 보장해 주는 세월이 너무 오래 지속되면, 진짜 하나님의 음성을 끝내 듣지 못한 채 당신 인생이 마감될 수 있다.(부디 이 문장을 새겨 읽기 바란다.) 충직한 병사는 일찍이 당신에게 권위 있던 인물들의 음성을 대변한다. 당신에게 수치심과 죄의식을 안겨주고 경계와 경고를 되풀이하는 그 능력은 당신에게 주어진 바닥나지 않는 선물이다. 기억하자. 그것이 간혹 여성적이고 섬세한 음성으로 들릴 수 있지만, 우리로부터 힘을 가져가는 대신 언제나 우리에게 힘을 주는 하나님의 '고요하고 세미한 음성'(열왕기상 19:13)은 결코 아니라는 사실을.

　충직한 병사는 당신을 후반부 인생으로 데려가지 못한다. 그것을 이해조차 못한다. 한 번도 거기 가 본 적이 없어서다. 그는 흑백 이론으로 세상을 판단하면서 '지옥을 견뎌내도록' 당신을 도울 수 있다. 하지만 당신은 중년 인생의 고비를 넘길 무렵 어떻게든지 그것에 '안녕'을 고해야 한다. 그리스 사람들이 그랬듯이 일본 사람들은 옳았다. 오디세우스는 전체 오디세이 여정에서 눈먼 예언자가 그에게 더 나아가라고, 손에 든 노(櫓)를 내려놓으라고 말할 때까지, 자기 배에서 영웅적으로 노를 젓는 충직한 병사였다. 『신곡』(神曲)을 읽은 사람이면 오직 베아트리체만이 자기를 낙원으로 데려갈 수 있음을 알게 된 단테가 지옥과 연옥을 거치는 동안 자기와 함께 했던 버질을 떠나보내는 장면이 기억날 것이다.

버질은 전반부 인생의 남자다. 베아트리체는 후반부 인생의 여자다. **인생 전반부에서 우리는 악마와 싸우고, 종종 그를 '이겼다'는 착각에 빠져 자부심을 느끼기도 한다. 인생 후반부에서 우리는 싸우는 상대마다 어김없이 하나님인 까닭에 언제나 진다.** 첫 번째 전투에서는 에고가 단단하게 굳어지면서 건강하고 충직한 병사가 만들어진다. 두 번째 전투에서는 늘 에고가 진다. 언제 어디서나 하나님이 이기기 때문이다. 자기의 충직한 병사를 떠나보내는 사람이 거의 없고, 자기 신앙을 성숙시키는 사람이 거의 없음은 별로 이상한 일이 아니다. 에고는 지는 것을 싫어한다. 상대가 하나님이라도 그렇다.

충직한 병사는 프로이드가 '수퍼에고'(superego)라는 개념으로 설명하는 것과 크게 봐서 동일하다. 프로이드는 그것이 어른의 성숙한 '양심'을 대체한다고 말한다. 수퍼에고는 하나님처럼 여겨진다. 사람들한테 그들을 인도하는 다른 누가 없기 때문이다. 그런 사이비 양심은 순수하고 온전한 도덕의 겁나는 대용품이다. 그것이 변화와 성장을 거부하는 데서, 자기의 변화를 요구하는 진정한 과제들을 사소하고 저급한 과제들로 바꿔치기하며 자기 아닌 다른 누구를 변화시키려 하는 데서 사이비 가짜라는 증거가 밝혀진다. 예수는 그것을 두고 "하루살이는 걸러내면서 낙타는 삼킨다"(마태복음 23:24)고 말한다.

당신이 인생 후반부에서 듣고 순종하는 법을 배워야 하는 하나님

의 '더 깊은 음성'이 있다. 위험의, 신뢰의, 무조건 항복의, 영혼의, 일반 상식의, 운명의, 사랑의, 낯익은 손님의, 가장 깊은 당신 자신의 숭고한 베아트리체의 음성처럼, 그것은 낯설고 무서운 음성으로 들릴 것이다. 여기에 이르기까지 모든 것이 준비 단계였다. 마침내 우리는 언제나 모순과 모험과 거대한 도전들로 채워진 진정한 인생의 내용을 충분히 담을 수 있는 컨테이너를 갖게 되었다. 심리적 온전함(psychological wholeness)과 영적 성스러움(spiritual holiness)은 결코 '해결'에서 '문제'를 배제시키지 않는다. 참된 온전함이라면 언제나 역설적일 수밖에 없고 사물의 어두운 면과 밝은 면을 아울러 품어야 한다. 온전함과 성스러움은 언제나 우리의 작은 '안전지대' 너머에서 우리를 잡아당긴다. 온전하고 성스러운데 어떻게 그러지 않을 수 있겠는가?

그런즉 이제 당신이 알고 있는 유일한 '당신'이자 당신에게 있는 유일한 권위로 느껴지는 당신의 영혼(soul)을 움켜잡고 있는 충직한 병사의 굳은 손이 하나님과 생명과 운명에 의하여 느슨하게 풀어져야 한다. 일반적으로 서른다섯 살에서 쉰다섯 살 사이 어디쯤에서 우리의 충직한 병사는, 만약 그러기로 한다면, 전역 과정을 밟기 시작한다.

충직한 병사를 떠나보내는 것은 당신에게 심각한 죽음이요 첫 번째 베이스로부터의 유배(流配)와 같다. 당신은 바빌론으로 유배당하기 직전의 이사야와 비슷한 심정일 것이다. "이제 한창 살 나이에 저승의 문에 들어가야 하는구나. 남은 세월을 빼앗기고 마는구나."(이

사야서 38:10) 진정한 내면의 권위를 발견하기 위해서는, 또는 예레미야에게 "그 마음에 내 법을 새겨주어, 나는 그들의 하나님이 되고 그들은 내 백성이 될 것"(예레미야서 31:33)이라고 약속하신 그 법을 얻기 위해서는, 당신의 충직한 병사를 전역시켜야만 한다. 전반부 인생을 사는 사람들은 자신의 버질, 베아트리체, 영혼의 친구, 안내자를 만나거나 그들을 목적지로 향하게 해주는 걸림돌을 만나지 않는 한, 이 지점에서 앞으로 더 나아갈 용기를 내지 못할 것이다. 우리네 종교적 문화에서는 성숙한 내면의 양심이 필요하다는 사실을 이해하는 사람이 거의 없다. 따라서 현명한 안내자를 만나기가 어렵다. 당신을 출애굽으로 인도하는 모세보다 당신을 위하여 금송아지를 만드는 아론의 수가 더 많은 것이다.

우리가 사랑, 죽음, 불가사의, 고통, 죄, 신비 등을 만날 때, 그 시점에서 우리의 충직한 병사가 인생의 중요한 문제들을 풀어나가는 능력이 부족하고 모자라는 구석이 많고 적절하지 못하다는 사실을 스스로 보여주기까지 우리는 그를 전역시키려 하지 않을 것이다. 그것은 다른 형태의 추락이고 죽음이다. 세계의 신화들이 모두 지옥, 연옥, 죽은 자들의 땅을 말하고 있다. 그런데 그것들은 천국의 반대라기보다 천국으로 가는 필수적인 통로들이다.

교회의 '사도신경'을 믿는다면 예수는 하늘에 오르기 전에 지옥으로 내려가셨다. 우리가 이 사실을 얼마나 쉽게 간과하는지! 이상한 일 아닌가? 세계 각처의 통과의례가 저마다 '죽기 전에 죽기'(dying before you die)에 연관되어 있다. 당신의 충직한 병사를 전역시킬 때 그것이 신앙의 상실 또는 자아의 상실처럼 느껴질 것이다. 하지만 실은 거짓 자아의 죽음이요 당신 영혼의 태어남이다. 바야흐로 당신은 에고에 의하여 끌려 다니는 대신 영혼의 힘에 끌어당겨진다. 이 깊은 구렁을 넘기 위하여 당신에게는 무서운 경계들을 넘게 안내해 주는 헤르메스나 스타익스 강을 건네주는 뱃사공 카론 같은 지혜로운 안내자가 필요하다. 이들이야말로 당신의 순수하고 진정한 영적 친구들이다. 때로 우리는 그들을 영적 원로 또는 영적 지도자라고 부른다. 켈트족 그리스도인들은 그들을 '아남 차라'(anam chara)라고 부른다.

기억하자. 헤라큘레스, 오르페우스, 애니아스, 프시케 그리고 우리의 오디세우스, 이들 모두가 죽은 자의 영역으로 내려갔음을! 그리고 거기서 돌아왔음을! 지하 세계로 내려가는 주인공의 여정이 거의 모든 신화에 들어 있다. 앞에서 말했지만, 예수도 '지옥에 내려가셨다.' 그리고 사흘 만에 부활하여 '하늘로 올라가셨다.' 모든 사람이 생애의 대부분을 '첫째 날과 둘째 날들'에 산다. 그 사이에 변형이 일어나고 있는데 본인이 미처 모르는 '문지방 날들'(threshold days)을 산다는 얘기다.[7]

십자가의 성 요한은 하나님이 '비밀리에' 그리고 '어둠 속에서' 당신 일을 하신다고 말한다. 왜냐하면 무슨 일이 일어나고 있는지를 우리가 알면, 신비/운명/하나님/은총이 우리한테서 이루고자 하는 것이 무엇인지를 알면 우리가 전체 과정을 망가뜨리거나 중단시키려 할 것이기 때문이다.[8] 아무도 자기의 사망(demise)을 기꺼이 그리고 자세

히 살펴려 하지 않는다. 비록 죽어가는 것이 자기의 거짓 자아라고 하더라도!

하나님은 우리가 깨어서 지켜보지 않는 사이에 우리의 착각과 미몽을 비밀리에 풀어 본디 상태로 돌려놓으신다. 그렇기 때문에 하나님에 연관되어 우리가 할 수 있는 가장 근사한 말이 '신비'(the Mystery)인 것이다. 우리는 우리가 이해하지 못하는 방식으로, 시간과 은총의 조용한 작업을 통하여 앞으로 나아간다. 그리하여 막상 거기에 도달하면 그동안 무슨 일이 일어났는지 전혀 모른다. 하나님은 우리의 성장과 성숙이 지속되는 한, 그것이 누구의 공(功)인지에 전혀 관심이 없으신 것 같다. 일찍이 14세기에 닛사의 성 그레고리우스가 말했듯이, "우리가 성장을 거부할 때마다 죄가 발생한다."

복음은 인생이 비극임을 용납할 수 있었다. 그러나 그렇게 하여 우리로 하여금 살아남을 수 있게 해주었고, 이 비극에서조차 성숙할 수 있게 해주었다. 이것이 위대한 전환이다! 모든 것이 우리가 과연 내려감(down)을 올라감(up)으로 볼 것인지 또는 칼 융이 말하는 "걸려 넘어진 곳에서 순금을 발견한다"는 사실을 받아들일 것인지 여부에 달려 있다. 레이디 줄리안은 그것을 더욱 시적인 언어로 이렇게 표현한다. "먼저 추락이 있다. 그 뒤에 추락으로부터의 회복이 있다. 둘 다 하나님의 자비로운 은총이다."

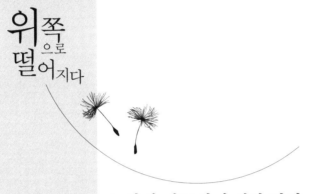

위쪽으로 떨어지다

4. 삶의 비극성에 대한 감각

The Tragic Sense of Life

4

삶의 비극성에 대한 감각

The Tragic Sense of Life

◆

깊은 중심에 심리학이 경고하는 폭력과 테러가 있다. 그러나 만일 그 괴물들을 타고서 내려간다면, 그것들과 함께 이 세계의 테두리 너머로 떨어진다면, 당신은 현대 과학이 가서 닿거나 이름 지어 부를 수 없는 무엇, 다른 나머지들을 모두 부표(浮漂)로 띄워 선(善)을 선할 수 있게 하고 악(惡)을 악할 수 있게 하는 기질(基質), 대양(大洋), 모형(母型) 또는 에테르를 볼 것이다. 복잡하고 불가해한 방식으로 우리 각자를 돌봐주고 여기서 함께 살게 해주는 하나의 '통일장'을 볼 것이다. 그것은 주어지는 것이다. 배워서 알 수 있는 게 아니다.

애니 딜라드

'삶의 비극성에 대한 감각'(the tragic sense of life)이란 말을 처음으로 대중에 소개한 사람은 20세기 스페인 철학자 미구엘 데 우나무노다. 그는 용감하게도 자기가 속한 유럽 세계가 신앙(faith)을 유대 그리스도교 성경보다 서양의 과정 철학에 연계시킴으로써 그 의미를 일그러뜨렸다고 말했다.[1] 예수와 유대 예언자들은 '삶의 비극성에 대한 감각'에 익숙하였고, 그것은 본인들과 우나무노 그리고 어쩌면 우리에게까지 아주 다른 모양의 현실을 만들어주었다.

이 분명하고 정직한 말에서, 우나무노가 보는 인생이 곧장 앞으로 나아가는 직선 코스가 아니었음을 나는 읽는다. 그에게 있어서 인간의 삶은 전체적이고 완벽한 질서보다 훨씬 많은 예외와 무질서로 이루어지는 것이었다. 성경이 분명하게 보여주듯이 인생은 상실이면서 회복, 죽음이면서 부활, 질병이면서 치유로 이어지고 이렇게 서로 반대되는 것들의 알력 또는 충돌처럼 보인다. 우나무노는 '신앙'(faith)이라는 개념을, 너무나 강하여 죽음마저도 포함시키는 저변의 생명력에 대한 '신뢰'(trust)와 동일시한다. 신앙은 이성(理性)을 포함하지만, 우나무노에게는, 이성보다 큰 범주다. 진실은 문제를 해결하고 사물을 돌아가게 하는 실질적인 무엇만이 아니다. 그것은 서로 상충하는 것들을 화합시키는 무엇이기도 하다. 어떤 것이 비참한 결과를 빚는다고 해서 그것이 진실하지 않은 건 아니다. 어떤 것이 사람들을 즐겁게 한다고 해서 그것이 진실한 것 또한 아니다. 인생은 태생부터 비극적인 것이다. 그것은 우리의 근사한 논리보다 오직 신앙만이 받아들일 수 있는 진실이다. 이상은 위대한 스페인 철학자의 사상을 한 아마추어가 극히 부분적이고 미숙하게 요약해 본 것이다.

'비극적인' 자연세계

우나무노의 해설이 옳을 수 있다는 사실을 우리 시대의 양자물리학이 입증하고 있다. 우리는 모든 것이 분명한 원인과 결과를 지닌다는 뉴턴의 세계관을 지니고 살아간다. 그것을 '그러면-그래서'(if-then) 세계관이라 불러도 되겠다. 모든 원인이 분명하고 한정되어 있다. 이제 막 우리가 그것에 눈을 뜨기 시작한 진실은 우주가, 인간의 동기(動機)가 그렇듯이, 수많은 원인들의 거미줄을 관통하여 앞으로 나아가며, 갈수록 다양해지고, 다른 형태의 검은 구멍, 검은 물질, 죽음과 재생, 상실과 회복 심지어 모든 이성적 규범들을 끊임없이 깨뜨리는, 그리하여 지혜로운 사람들이 그보다 더 포괄적이고 큰 논리를 찾아 나서게 만드는, 일종의 '폭력'을 행사하고 있다는 것이다. 질서보다 훨씬 큰 무질서, 단일성보다 큰 복합성, 나아가 죽음 그 자체인 가장 큰 무질서가 곧 자연(nature)이다! 영성 생활에서 그리고 현대 과학에서 우리는 이미 알고 있는 몇 가지 법칙으로 설명되는 현실보다 설명을 허용하지 않는 '예외들'을 존중할 때 그것들로부터 더 많은 것을 배운다. 예수와 바울이 "형제 중에 가장 보잘것없는 사람 하나를 존중하라"(마태복음 25:40; 고린도전서 12:22~25)고 말했을 때 그 말이 무슨 뜻이었는지 당신은 알 것이다. **우리에게 가장 큰 가르침을 주는 것은 우리가 정상이고 선하며 옳다고 여기는 이 세상의 '변두리'에 몰려 있는 사람들과 사물들이다. 그들에게는 사물의 어두운 그늘과 신비스러운 측면을 드러내어 보여주는 성향이 있다. 그런 연속적인 '예외들'(exceptions)이 우리로 하여금**

이른바 규범이라는 것, 정상이라고 부르는 것을 다시 방문하고 다시 재어보게 만든다! 예외들은 우리를 걱정과 염려를 안고서 해결책을 향하여 달려가는 대신 겸손하게 하고 탐구하게 한다.

이 세상에서 우리가 일상적으로 하는 경험들은 보편적이며 완벽한 형태와 관념으로 이루어진 플라톤의 세계와 아주 많이 다르다. 그것은 언제나 거대한 다양성, 어둠 속의 중성자(中性子) 빛에서 임신하는 숫해마(海馬)와 아무도 보지 못하도록 밤에만 피는 특이한 꽃들에 이르기까지, 온갖 변이(變異)들로 채워져 있다. **예수는 창녀든, 술꾼이든, 사마리아인이든, 문둥이든, 세리든 아니면 고집불통 숫양이든 상관없이 당시의 '열외들'과 아무런 문제가 없었다.** 그는 아웃사이더들과 자주 음식을 함께 하였는데 그것은 열외들을 향한 자비보다 자기네의 엄정한 질서를 더 사랑하는 당시 교회의 충직한 신도들을 격분케 하였다. 정신적으로 뒤틀리거나 병든 사람이 존재한다는 사실 하나만으로도 '구원'을 위하여 어떤 종류의 '바른 생각'을 해야 한다는 우리의 이론을 바꿔야 한다. 그래서 '바른 생각'을 하지 않는다는 이유로 사람들을 추방하고 고문한 역사가 저렇게 있는 것이다.

나는 우리에게 교회사를 가르친 교수의 마지막 말을 기억한다. 정통파 사제이자 신학자인 그가 4년 동안 우리와 함께 보낸 강의실을 떠나면서 이렇게 말했다. **"자, 이로써 할 말 다 한 것 같네. 어쨌거나 교회의 역사가 예수보다 플라톤의 영향을 더 많이 받았다는 사실은 기억해 두도록!"** 우리는 현기증이 날 만큼 깜짝 놀랐다. 그러나 지난 4년 동안 배운 교회의 역사가 그 사실을 스스로 말해주고 있었다. 물론 교수의 말은 교회가 모든 의문을 풀어주고 모든 소동을 가라앉히는 보편적인 답으로서의 종합(synthesis)을, 그것이 전혀 진실이 아닌 경우에조차 더 좋아하였음을 지적한 것이었다. **예수는 모든 것에 들어맞는 단일한 도량(度量)을 가르치지 않았던 것 같다. 대신에 그의 하나님은 순간의 실패자들과 엉뚱한 자들에 오히려 적용하신다. 인간의 실패와 무질서에 적응할 수 있는 능력을 가리켜 하나님의 섭리 또는 자비라 한다. 모든 때마다 하나님은 우리를 용서하신다! 하나님은 말씀하신다, 당신이 우리와 함께 이루고자 하는 '관계'에 견주어 당신의 '규범'(rules, '통치'로 옮길 수도 있음)은 문제되지 않는다고! 성경이 말하는 '절대 용서'를 한 번이라도 경험한 사람이면 하나님을 신뢰하고 찾고 사랑하지 않을 수 없을 것이다.**

그러나 우리 인간들은 특별하고 구체적이고 개별적이고 은밀한 일들로 많은 어려움을 겪는데 그것들은 보편적인 거푸집에 잘 들어맞지 않는다. 그래서 우리는 구실을 찾는다. 어쩌면 우리가 이들 모순과 불일치를 거침없이 드러내는 유머를 좋아하고 그것이 우리에게 필요한 이유가 여기 있는지 모르겠다. 프란체스코 식으로 생각할 때 이 특별하고 구체적이고 개별적인 일은 언제나 하나님이 하시는 일이고 그 보편성보다 특이성 안에서 하나님이 선택하시는 것이다. 프란체스코 수도회 철학자 던스 스코투스는 이를 가리켜, '이것임'(thisness)이라 하였다. 그리스도인들은 '성육신'이 특별한 한 사람, 예수한테서 이루어졌다고 믿는다. 그것은 또한 그의 생활 패턴이 되어 길 잃은 양 한 마리를 위해서 아흔아홉 마리 양을 버려둔다.(마태복음 18:12~14) 이 성육신의 신성한 패턴을 '특수성의 스캔들'(the scandal of particular)이라고 부른 신학자가 있다. 우리 마음은 결코 부서지는 법이 없고 언제 어디서나 적용되는 규범, 우리로 하여금 예측할 수 있고 통제할 수 있게 해주는 패턴들을 더 좋아하는 것 같다. 이것이 과학에는 훌륭한 것이지만, 종교에는 천박한 것이다.

우주 역사와 인간 역사는 합리와 비합리, 의식과 무의식, 숙명과 행운, 자연과 양육의 힘들로 연출되는 한바탕 연극이다. 선과 악의 힘들이 저마다의 비극과 은총으로 연극을 벌이며 우리를 이끌어 파국, 역행, 변환, 범죄, 재편성, 적의(敵意), 실패, 실수 그리고 불가능한 딜레마들로 데려간다.(결국 우리는 선한 무엇에 도달할 것이다!) **그리스어 '비극'(tragedy)의 뜻이 '염소 이야기'라는 사실을 아시는가? 오디세이는 본디 가련한 염소(바보) 오디세우스가 앞으로 나아갔다가 뒤로 물러서고, 올라갔다가 내려오고, 그러나 대부분은 내려오고, 그러면서 고향 아이다카 섬으로 돌아오는 '염소 이야기'다.**

이 모든 경험들은 마침내 우리를 새로운 지식으로 데려가기 위한 것들이다. 그런데 그것은 늘 겸허해진 지식이다. 그리스어로 '교만'(hubris)은 겸손해야만 하는 경우에 겸손하기를 거절한다는 뜻이다. 미국 역사에서 자기가 일으킨 전쟁이나 자신의 정책이 잘못되었음을 인정한 대통령이 한 명도 없다는 사실을 주목하자. 교황이나 성직자들도 자신의 과오를 인정하고 사죄하는 모습을 좀처럼 보여주지 않는다. 그와 같은 자만과 착각이 그리스어 '비극'의 핵이었고, 예수 자신의 '변모'를 우리가 부활한 그리스도(Risen Christ)라고 부르는 '새 생명'으로 들어가게 한

발판이 되었다.

복음은 인생이 비극임을 용납할 수 있었다. 그러나 그렇게 하여 우리로 하여금 살아남을 수 있게 해주었고, 이 비극에서조차 성숙할 수 있게 해주었다. 이것이 위대한 전환이다! 모든 것이 우리가 과연 내려감(down)을 올라감(up)으로 볼 것인지 또는 칼 융이 말하는 "걸려 넘어진 곳에서 순금을 발견한다"는 사실을 받아들일 것인지 여부에 달려 있다. 레이디 줄리안은 그것을 더욱 시적인 언어로 이렇게 표현한다. "먼저 추락이 있다. 그 뒤에 추락으로부터의 회복이 있다. 둘 다 하나님의 자비로운 은총이다."

우리는 이 패턴을 받아들일 준비가 되어 있어야 한다. **아담과 하와의 '범죄'로 말미암아 전체 드라마가 펼쳐지다가 마침내 예수 그리스도에 가해진 난폭한 살인에 의하여 온 세상이 구원을 얻는다고 그리스도인들은 말한다!** 만일 곡선으로 직선 긋는 법을 알지 못했다면 하나님은 그 많은 선들 가운데 한 줄도 긋지 못하였을 것이다. 유대 그리스도교의 구원 역사는 삶의 비극성에 대한 감각을 활용하여 통합하고 용서하는 역사다. 유대 그리스도교는 해답 안에 문제를, 그 해답의 한 부분으로 포함한다. 성경 계시의 진수는 사물의 어두운 면을 부정하지 않으면서 인간의 실수를 용서하고, 추락을 오히려 발판으로 삼아, 성경 전체의 중심인 약속된 완전함으로 이끌어간다는 데 있다. 예수는 결코 죄인들에게 화를 내지 않는다! 자기가 죄인이라고 생각하지 않는 자들에게만 화를 낸다! 예수는 인생의 비극성에 대한 감각에 충분히 익숙하였다. 그 안에서 살았고 그 안에서 일어났다. 이어지는 무질서 안에서 더 높은 질서를 찾아내는 능력이 그가 전한 메시지의 중심이었다고, 그리고 그의 참된 복음이, 드문 일이긴 하지만, 여전히 가서 닿는 것들을 치유하고 새롭게 하는 까닭이라고 나는 확신한다.

예수는 모든 충돌과 모순 밑바닥에 있는 통일장을 발견하고 그 이름을 불렀다. 그것을 애니 딜라드가 앞에 인용한 문장으로 표현한 것이다. 만일 우리가 이 통일장을, 복잡하고 불가해한 방식으로 우리 각자를 돌봐주고 여기서 함께 살게 해주는 하나의 통일장을, 불자(佛者)들이 '대자대비'(大慈大悲)라고 부르는 무엇을 찾아내지 못한다면 인생의 모순과 갈등을 치유할 길은 영영 없는 것이다. 종교는 언제나 당신을 통일장 안으로 돌아가고 내려가게 한다. 어쨌거나 거기는 당신이 출발한 곳이다.

위대한 전환

은총의 신성한 경륜(economy) 속에서 인간의 죄와 과오가 구원 체험 자체를 위한 바탕 재료이자 다듬지 않은 원재료들로 된다. 그런데 대부분의 기성 종교들이 어떤 특정 질서를 배타적으로 좋아하는 사람들을 신자로 삼으려 한다. 그리하여 그들은 거의 행복하지 않고 만족을 모른다. 그것은 머잖아 당신을, 프로이드의 거친 말투를 빌리면, 항문을 붕대로 막아놓은 상태로 만들어놓을 것이다. 삶 자체가 도무지 행복하지 않을 뿐더러, 언제 어디서나 장애를 가진 사람, 정신질환이 있는 사람, '거짓된 타종교'를 믿는 사람, 동성애를 하고 법을 어기고 당신과 전혀 다른 전통과 관습으로 살아가는 어중이떠중이들이 당신 인생을 가득 채우겠기 때문이다. 거친 야성의 자연을 말하는 게 아니다. 그것은 우리가 여태까지 별로 좋아하지도 않았다. **제도화된 종교는 넉넉한 품 또는 다양함에 대한 너그러움으로 우리에게 알려진 바가 거의 없다. 하지만 어쩔 것인가? 저기 있는 것은 다양하고 복잡하고 서로가 서로에게 다른 그런 세계인 것을!** 실은 어디를 봐도 눈에 띄는 분명한 사실을 우리가 놓치고 부인하고 무시할 수 있다는 사실 자체가 놀라운 일이다.

죄와 구원은 서로 연관된 개념들이다. 에고야 그렇게 말하고 싶겠지만, 구원은 죄가 완벽하게 치워진 상태가 아니다. 오히려 죄가 그 머리를 돌리고 우리를 위하여 유리하게 활용되는 것이 구원이다. 그것이 신의 사랑이 사람을 바꿔놓는 방식이다. 이런 패턴으로 구원이 이루어지지 않는다면, 세상의 99.9퍼센트가 어디에서 희망을 찾을 것인가? 우리를 하나님에게 떨어뜨리는 같은 열정이 우리를 하나님한테로, 우리의 참 자아에게로 돌아가게 한다는 사실을 마침내 우리는 알게 되었다. 내가 40년 가까이 애니어그램을 공부하고 그 가치를 소중히 여긴 이유도 여기에 있다.[2] 영성 수련의 다른 도구들과 마찬가지로, 애니어그램도 이 변용(變容)의 진실을 보여준다. 일단 당신의 '죄'와 당신이 받은 은총의 '선물'이 같은 동전의 양면임을 알면, 당신은 그것을 결코 잊을 수 없을 것이다. 그것은 종교를 오만과 배타로부터 지켜준다. 애니어그램이 진실임을 믿지 않는 사람은 그것을 이해하지 못한 사람이거나 그것을 활용해 본 적이 없는 사람이다.

하나님은 우리의 사랑들(loves)을 '돌아서게'(그리스어, '메타-노이어') 하시고, 그것들의 진정한 목적인 '큰 사랑'(the Great Love)을 향하도록 그것들을 이용하시는 것 같다. 모든 '덜된 사랑들'(lesser loves)이 연습중인 수레바퀴다. 나름대로 좋은 것이지만 여전히 연습되어야 하는 수레바퀴인 것이다. 신약에 기록된 많은 치유 이야기들이 이 메시지와 패턴을 잘 보여주고 있다. 예수는 특히 '죄인이었던 여인'을 용서하는 대목에서 이 사실을 언급하신다. "그래요, 내가 진정으로 말하는데, 이 여인은 많은 죄를 용서받았소. 나에게 보여준 큰 사랑이 그것을 증명하고 있소이다."(누가복음 7:47) 여인의 그릇된 사랑 행각이 '큰 사랑'으로 가는 디딤돌이자 그것을 가르치는 학교로 되었던 것이다.

우리 성직자들은 그동안 '죄 변용'(sin transformation)보다 '죄 관리'(sin management)에 매달려왔다. 그래서 사람들에게 가르쳤다. "네가 완벽하지 않다면 그것은 '네가' 뭔가를 잘못하고 있다는 얘기다." 우리는 희생자(victim)를 비난한다. 아니면 거의 그를 불쌍하게 여기지 않는다. 그러면서 인간을 위해 희생자가 된 하나님의 형상을 예배하고 있다. 나는 당신의 죄가 당신한테 가르치는 것을 모두 배우기 전에 당신이 죄에서 벗어나야 한다고 생각하지 않는다. 만일 그런다면 그것이 다른 형태로 되돌아올 것이다. 예수의 비유에 나오는 '더러운 귀신'처럼. 더러운 귀신이 집을 떠났다가 돌아와서 '그 집이 말끔히 치워지고 잘 정돈되어 있는 것을 보고' 다시 들어가면 "그 사람 형편이 처음보다 더 비참하게 된다"고 예수는 과감하고 당연하게 말씀하신다.

인종주의, 노예 제도, 성차별주의, 십자군 전쟁, 종교재판, 두 차례의 세계대전 같은 '염소 이야기들'의 비극은 모두가 유럽의 그리스도교 국가들에서 발생한 것이다. 이는 마땅히 이루어야 한다는 말을 들어온 정의로운 세계와 완벽한 질서를 구축하지 못한 우리 자신 그리고 서로에 대한 환멸과 혐오가 그런 형태로 표출된 것이라고 말할 수 있다. **우리는 우리 안에 또는 자연계 안에 있는 불완전함을 사랑할 줄 모른다. 그러면서 어떻게 유대인, 무슬림, 유색 인종, 여성, 죄인 또는 자기와 종파가 다른 그리스도인들을 향하여 다리를 놓을 수 있겠는가? 그들 가운데 누구도 우리가 설정해 놓은 '질서'에 맞지 않다. 우리는 지구별과 함께, 우리의 식민지들에서 그렇게 했듯이, 죽이고 약탈하고 강제하고 옥에 가두고 고문하고 노예로 삼아야 했다. 우리는 십자가를 지지 않았고 삶의 비극성에 대한 감각도 지니지 않았다. 그러나 그 대신 남들한테 비극을 안겨주는 전문가가 되었다.**

철학자들과 사회학자들은 우리에게 오류 없는 유토피아를 다양한 모양으로 약속한다. 그러나 운명, 실패, 죄악, 은총의 온갖 일화들로 가득 차 있는 유대 그리스도교 성경은 언제 어디서나 들어맞는 자명한 철학적 또는 신학적 결론들을 거의 제공하지 않는다.[3] 구약성경의 모세오경은 최소한 네 가지 자료들(야훼문서, 엘로힘문서, 신명기문서, 사제문서)의 합성이다. 마태, 마가, 누가, 요한의 네 복음서에서도 우리는 예수의 생애에 관한 서로 다르고 때로 상충되기도 하는 다양한 기록들을 읽는다. 하나님, 예수, 역사에 대해서도, 그것을 찾아보려고 해봤지만, 단일하고 분명한 신학이 없다. 성경의 모든 책들이 '어쨌거나 하나님이 우리와 함께 계시고 우리는 혼자가 아니라는 사실'에 동의한다는 것, 이것이 내가 발견할 수 있는 한 가지 통일된 형식이다. 하나님과 예수의 유일한 직업(job)은 나쁜 거래들(bad deals)을 끊임없이 갱신하는 것이다.

삶의 비극성에 대한 감각은 결코 비극적인 것이 아니다. 적어도 '큰 그림'에서 보면 그렇다. 과거와 미래에 같이 연결되어 있는 깊은 시간 안에서의 삶은 우리로 하여금 필요한 고통을 준비케 하고, 자신의 실패와 상실에 절망하지 않도록 우리를 지켜주고, 오히려 그 모든 것을 통과하여 앞으로 나아가는 길을 제공한다. 그렇게 하여 우리보다 먼저 걸었고 우리보다 나중 걸어갈 거대한 인류 대장정에 합류하는 것이다.

삶의 비극성에 대한 감각은 불신도, 운명론도, 비관론도, 냉소주의도 아니다. 그것은 단지 '궁극적이며 굴욕적인 리얼리즘'(ultimate and humiliating realism)으로서, 몇 가지 이유로 거의 모든 것에 대한 용서를 우리에게 요구한다. 진실인 것을 신뢰하고, 우리 안에서 발견되는 하나님을 신뢰하는 것이 신앙이다. 어쩌면 이것이 우리에게 가장 큰 걸림돌이자, 인간의 가슴이 폐쇄되어 떨어지는 것을 막고 그 영혼이 더 나은 무엇을 향하여 계속 열려 있게 하기 위하여 우리가 치러야 하는 값인지 모르겠다.

그러므로 우리는, 이런 말을 해서 미안하지만, 넘어지고 추락해야 한다. 지금 당신이 여기에서 하고 있듯이 추락에 대한 글을 읽는 것 가지고는 안 된다. 얼마동안은 실제로 운전석에서 쫓겨나야 한다. 그러지 않으면 '진짜 안내인' (Real Guide)에게 자기를 내어맡기는 법을 끝내 배우지 못할 것이다. 이것은 필수 과정이다.

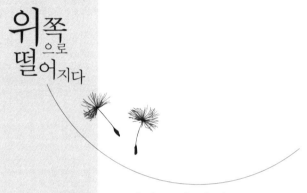

위쪽으로 떨어지다

5. 걸림돌에 걸려 넘어지기

Stumbling Over the Stumbling Stone

5.

걸림돌에 걸려 넘어지기

Stumbling Over the Stumbling Stone

◆

그는 이스라엘의 두 집안에 성소가 되시지만 걸리는 돌과 부딪치는 바위도 되시고
예루살렘 주민에게는 덫과 올가미도 되신다.

이사야 8:14

우리는 변화되기보다 차라리 파멸되기를 선호한다. 현존이라는 십자가 위로 기어
올라 거기서 자신의 착각을 죽이는 대신 겁에 질려 떨면서 죽겠다고 한다.

W.H. 오든

　당신이 고전적인 의미의 '영성 수련 과정'에 들어서면 현재 당신의
기술이나 재주로는 어쩔 수 없는, 그동안 축적한 지식 또는 강한 의지
력 따위로 어떻게 해볼 수 없는 사건, 인간, 죽음, 생각, 인간관계가 조
만간 당신 삶 속에 간섭하여 들어올 것이다. 영적으로 말하여 당신의

모든 수단과 방법들이 막다른 골목에 몰릴 것이고, 몰려야 한다는 얘기다. 거기서 당신은 이사야가 말하는 '반드시 필요한 걸림돌'에 걸려 비틀거릴 것이다. 우리 식으로 말하면, 무언가를 '잃을' 것이고 잃어야 한다. '생명-운명-하나님-은총-신비'가 당신을 변화시켜 당신으로 하여금 자기중심적 편견을 버리고 더 깊고 더 먼 여행을 떠나게 할 수 있는 유일한 길이 여기에 있다. 방금 한 말이 틀린 말이면 좋겠는데, 모든 영성 문학들이 이구동성으로 그렇다고 하니 어쩔 것인가?

사람이 현재 자기가 처해 있는 안전지대를 굳이 떠나려 할 아무 이유가 없다. 무엇 때문에 그럴 것이며 그래야 한단 말인가? 솔직히 말하여 우리 가운데 누구도 그러지 않을 수 없는 지경에 이르기까지는 그러지 않는다. 그것은 기대하지 않았는데, 찾지도 않았는데, 불청객처럼 우리에게 닥친다. 여기서 만일 스스로 영적 영웅이 되는 길을 모색한다면 옛 에고가 새 이름으로 돌아와서 우리를 지배할 것이다. 다른 모습으로 변장되었을 뿐 어떤 변화도 실제로는 없는 것이다. 그것은 저 혼자 스스로 인정해 주는 가짜 '자기 발전'에 지나지 않는다.

자신의 깨달음을 스스로 이루려는 모든 시도와 계획은 결국 실패로 끝나게 마련이다. 그것을 주도하고 추진하는 것이 다름 아닌 본인의 에고이기 때문이다. 당신은 보겠다고 마음먹은 것만 볼 것이다. 볼 준비가 되어 있지 않거나 보라는 말을 듣지 않은 것은 보지 못할 것이다. 다만 실패와 몰락이 당신으로 하여금 그 일이 없었으면 결코 보지 못했을 무엇을 억지로 보게 한다. 이 무슨 수수께끼란 말인가! 지금 이 책을 읽는 것을 포함하여 모든 형태의 마음공부 과정이 당신의 '삶' 자체에 주목하라고 가르친다면, 그만큼만 도움이 될 것이다. 현명한 파울라 다아키의 말대로, "하나님은 네 삶으로 변장하여 너에게로 오신다."(God comes to you disguised as your life.)

그러므로 우리는, 이런 말을 해서 미안하지만, 넘어지고 추락해야 한다. 지금 당신이 여기에서 하고 있듯이 추락에 대한 글을 읽는 것 가지고는 안 된다. 얼마동안은 실제로 운전석에서 쫓겨나야 한다. 그러지 않으면 '진짜 안내인'(Real Guide)한테 자기를 내어맡기는 법을 끝내 배우지 못할 것이다. 이것은 필수 과정이다. 이런 종류의 추락이 내가 말하는 '반드시 필요한 고통'인데, 다음 장에서 좀 더 상세히 다뤄볼 생각이다. 바울이 다마스쿠스로 가다가 말에서 떨어져, "가시 돋친 채찍에 발길질하면 너만 다칠 뿐이다"(사도행전 26:14)라는 말을 듣는 장면에 이 과정이 극적으로 연출되었다. 짐승을 몰 때 사용하는 채찍은 앞으로 가라는 격려와 함께, 상처만 더 키울 뿐 아무데도 쓸모없는 저항을 상징으로 보여준다.

정신세계에서는 무엇을 먼저 잃어버리고 그리워하다가 전혀 다른 차원에서 그것을 재발견하기까지는 자기한테 있는 것이 무엇인지를 모르는 것 같다. 예수께서 들려주신 '잃어버리는 비유들'은 잃어버린 것을 애써서 다시 찾고 그래서 크게 잔치를 벌이는 내용들이다. 누가복음 15장에 보면 양과 동전과 아들을 잃었다가 되찾는데, 새로운 '깨달음'(realization, 무엇이 그에게 '진짜' 무엇으로 된다는 뜻)을 축하하는 잔치가 뒤를 잇는다. **트로이에서 집으로 돌아오는 길의 오디세우스는 자신의 부하들, 통치권, 추억, 세월, 명성 그리고 탔던 배까지**

거의 모든 것을 잃어버린다. 몰락, 상실, 실패, 범죄가 줄줄이 이어진다. 이런 말을 해서 정말 미안하지만, 그러나 그런 모든 것이 우리를 집으로 데려다준다.

이 과정을 통하여 진정한 가치를 새롭게 발견하기까지 우리는 잃어버린 그것을 제대로 활용할 줄 몰랐다. 지금 진행되는 놀이의 한계에 부닥치고 그것이 얼마나 충분치 못한 것인지를 발견하게 되기까지 우리는 참된 근원, 깊은 샘 또는 끊임없이 흐르는 시냇물을 찾지도 않는다. '익명의 알코올 중독자들'(AA)은 그것을 '더 높은 힘'(the Higher Power)이라고 부른다. 예수는 자기의 작은 항아리를 끝없이 채웠다 비웠다 하는 여인 앞에서 그것을 가리켜 우물 바닥에 '살아있는 물'(생수)이라고(요한복음 4:10~14) 말한다.

살아가는 동안 우리가 잡을 수도, 통제할 수도, 설명할 수도, 바꿀 수도, 심지어 이해할 수도 없는 상황이 적어도 한 번은 있어야 한다. 우리가 정직하다면 있을 것이다. 예수와 그를 따르는 사람들에게는 '십자가 처형'이 그 필수적이고 부조리한 걸림돌의 극적인 상징으로 되었다. 그런데도 우리에게는 그와 같은 필수적 고통을 주제로 다루는 적극적 신학이 거의 없다. 많은 그리스도인들이 '십자가'를, 예수처럼 그 속에 잠재된 비참을 아프게 경험하는 대신, 자기들의 '보상을 지불하는'(quid pro quo) 세계관에 어울리는 기계론적 '대속(代贖) 이론'에 우겨넣고 있다. 십자가에 담긴 우주적 의미를 영의 눈으로 보려 하는 대신, 인간의 질서와 이성에 맞추어 해석하려 하는 것이다.[1]

당나귀나 바울처럼 우리는 날마다 살면서 경험하는 가시 돋친 채찍에서 무엇을 배우려 하지 않고 오히려 그것에 발길질을 하고 있다. 대부분 그리스도인들은 성경에서 그 구절을 읽으면서도 가시 돋친 채찍이 어쨌든 필요한 것이며 나아가 좋은 것이라는 진실을 보지 못한다. 고통은 어떤 문제도 기계적으로 해결해 주지 않는다. 그보다는 우리가 자신에게 끊임없이 일으키고 있는 문제가 어떤 것인지를 보여주고, 배움과 사랑을 위한 새로운 공간을 우리 안에 열어준다. 이 점에서 그리스도교보다 불교가 훨씬 더 주의 깊다. 그리스도교는 예수의 고통조차도 보편적 문제, 하나님이 처음부터 만들어놓으신 문제를 풀기 위한 하나님의 시도로 본다. 십자가는 먼저 우리의 진짜 문제가 무엇인지를 드러내는 것으로 우리의 문제를 풀어준다. 자신의 구원을 위하여 누군가를 희생시켜야 하는 패턴, 이것이 우리의 진짜 문제다. 그리스도교의 십자가는 영원히 '우리의 범죄'를 노출시킨다.

오디세우스 이야기나 다른 신화들에서 용, 바다 괴물, 투옥, 전염병, 지옥, 사이렌, 가난, 궁핍, 폭풍, 어둠, 파선, 아버지를 잃고 고아가 됨, 섬에 좌초됨 등 다양한 형태로 상실과 몰락이라는 주제가 비정하게 끊임없이 표출되고 있다.

세계 동화의 절반가량이 신데렐라 형식, 그러니까 가난한 거지 소년이 마지막에 왕자로 되는 이야기 아닌가 싶다. 하나의 희망 사항을 표현한 것이라고 볼 수도 있겠지만, 실제로 그것은 변신, 망각, 상실 그리고 회복으로 진행되는 근본적인 패턴이다. 모든 아름다운 공주가 왕자를 만나기까지는 잠들어 있어야 한다. 새끼 오리는 미워야 한다. 그래야 이야기가 만들어진다. 기사(騎士)는 상처를 입어야 한다. 그러지 않으면 성 그레일을 만나는 건 관두고 그의 존재를 알지도 못할 것이다. 예수는 십자가에 달려 죽어야 한다. 아니면 부활이 있을 수 없다. 그것은 우리 하드웨어에 녹음되어 있지만 영혼의 차원에서만 들을 수 있다. 에고의 차원에서는 언제나 저항과 반대에 부닥칠 따름이다.

아시시의 프란체스코는 '유서'(遺書)에서 당신이 나병환자와 입 맞추었을 때 "전에는 구역질나던 것이 달콤한 생명으로 바뀌었다"고 말한다. 그 순간이 그에게는 '회심'의 순간이었고 '세상을 떠난' 순간이었던 것이다. 낡은 게임은 더 이상 지속될 수 없었고 지속되지 않았다. 그에게 있어서 그것은 자신의 모자람을 제대로 맛보고 전과 다른 더 깊은 샘에서 물을 긷기 시작한 결정적 순간이었다. 그것이 그를 고전적 그리스도교 성자가 되게 하였다. 나병환자는 그에게 가시 돋친 채찍이었고 그는 그것을 발로 차는 대신에 입을 맞추었다. 중독에서 해방된 사람들이 자기가 술, 도박, 섹스에 중독되었던 것에 대하여 하나님께 감사하는 사례를 보는데, 그것이 바로 이 패턴이다. 그들은 말한다. 참으로 힘들게 치른 대가였지만 그것 아니었으면 거짓 자아를 무너뜨리고 진정한 사랑에 자기를 열어놓을 수 없었으리라고.

뉴멕시코에서 10여 년 교도소 사목을 하는 동안 거기서 만난 많은 사람들을 생각해 본다. 아무도 그들에게, 좋은 부모라면 마땅히 자식들에게 해주었어야 하는 일인, 본능을 억제하거나 참고 견디며 기다리는 법을 가르쳐주지 않았다. 빈약한 자기 정체성, 허물어진 울타리, 거의 없다시피 한 자기 존엄성 따위로 그들은 자신이 약물, 난잡한 성관계, 알코올, 폭력 등에 의하여 파괴되는 것을 내버려두었다. 그리고 뒤

늦게 감옥에서 강요된 엄한 질서 생활이 그들을 교도(矯導)할 수 있으리라 여기지만, 그들이 받은 내면의 상처가 너무 깊고 교도소 당국과 타인에 대한 적개심 때문에 새로운 길로 들어서기가 결코 쉽지 않다.

인생 전반부에 맡겨진 임무를 제대로 다하지 못한 사람은 걸림돌에 걸렸다가 일어날 힘이 거의 없다. 그냥 무너져 패배당하든지 채찍에 발길질하느라고 헛되이 세월을 낭비할 따름이다. 로버트 무어 박사가 지혜롭게 말했듯이, 그들의 '어린애 같은 허풍'을 잠재울 방도가 없다.[(2)] **오늘의 서양 도시 문명에서는, 비극적 인생에 대한 적절한 감각이 결여된 사람들이 그저 앞으로 나아가고 위로 올라갈 수 있다고, 그것도 순전히 자기 노력으로 그럴 수 있다고 믿으려 한다. 하지만 그렇게 되는 경우는 거의 없거니와 잠깐 그러는 것 같다가 금방 막히고 만다. 진실이 아니기 때문이다. 그것은 처음부터 승자와 패자로 나뉘어지는(win-lose) 게임이고, 사람들은 갈수록 패자 쪽으로 기울어진다. 복음이 진짜 복음(좋은 소식)이라면 양쪽 모두 이기는(win-win) 게임이어야 하고, 하나님과 우리가 함께 큰 승리를 거두어야 한다.**

많은 사람이 끊임없이 반복되는 자기 과신(hubris)에 피해를 입은 이재민으로 생애를 마감한다. 어떤 사람은 그것으로 '정상'에 올라간 것처럼 보인다. 하지만 보통은 그들을 그리로 올라가게 해준 많은 어깨들, 거기 도달할 수 있게 해준 여러 가지 호의적 상황들, 그들이 딛고 올라서게 해준 목덜미들에 대해 거의 고마워하지 않는다. 막상 정상에 오른 사람들도 올라보니 오래 지속적으로 자기를 만족시켜 줄 무엇이 거기에 없음을 알고 허망함을 느낀다. 너무나 많은 사람들이 자기 삶의 밑바닥에 그냥 머물면서 온갖 무익하고 자기 파괴적인 방법으로 과잉 보상(overcompensate, 열등감을 극복하기 위하여 자기의 가장 약한 부문에서 우수한 성적을 거두려고 지나치게 노력함)을 시도한다.

남부의 노예 주인들은 소위 '자수성가'를 한 사람들로서 어쩌면 한평생 '성공' 못해본 적이 한 번도 없었을 것이다. 그렇게 몰락을 거부하는 인생을 산 결과 그들은 깨달음, 동정심, 인간됨의 기본이라 할 자비심과는 거리가 멀 수 밖에 없다. 그런 성공 인생에 대한 값으로 지불해야 하는 대가는 '총체적(general) 춤'을 함께 즐기지 못한다는 것이다. 예수의 말에 의하면, "온 천하를 얻고 자기 영혼을 잃는" 것이다. **그들은 '살아남기 위한 춤'은 추었지만 다른 모든 존재를 빠짐없이 끌어들이는 '신성한(sacred) 춤'을 추는 건 관두고 그런 것이 있는 줄도 모른다. 신성한 춤은 신성한 춤이기에 우주가 함께 추는 총체적인 춤이다.**

우리 모두 더 크고 진짜인 집을 찾기 위하여 집을 떠나야만 한다. "그것 없어도 좋으니 집을 떠나지 말라"(don't leave home without it)는 우리의 보통 정서 대신, "그것을 찾기 위하여 집을 떠나라"(leave home to find it)가 영성의 위대한 모토인 것이다. 그리고 물론 여기서 떠나라는 것은 육신의 가족뿐만이 아니다. 집안과 가족들이 제공하는 모든 안전장치, 가치관, 착각, 편견, 왜소함 그리고 상처들 또한 우리가 등지고 떠나야 하는 것들이다.

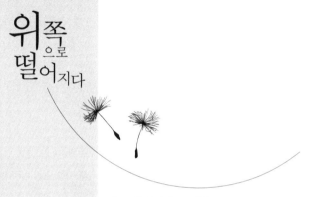

위쪽으로 떨어지다

6. 필요한 고통

Necessary Suffering

6

·

필요한 고통
Necessary Suffering

◆

누구든지 나를 따르려면 자기를 부정하고 자기 십자가를 지고 나를 따라야 하오. 자기 목숨을 얻고자 하는 사람은 잃을 것이고 나를 위하여 자기 목숨을 잃는 사람은 얻을 것이오. 사람이 천하를 얻고 제 목숨을 잃으면 그 천하가 다 무슨 소용이겠소? 사람 목숨을 무엇하고 바꿀 수 있단 말이오?

마태복음 16:24~26

내게로 오는 사람이 자기 부모나 처자나 형제자매 심지어 자기 자신을 미워하지 않으면 내 제자가 될 수 없고, 자기 십자가를 지고 나를 따르지 않는 사람 또한 내 제자가 될 수 없소.

누가복음 14:26~27

칼 융은 사람들이 사람이기에 받아야 하는 '타당한 고통'(legitimate suffering)을 받아들이려 하지 않아서 오히려 불필요한 고통을 세상에 많이 끌어들인다고 말한다. 실제로 그의 말에 따르면 타당한 고통을 거부한 결과로 많은 사람이 정신질환을 앓는 것이다! 역설적이게도 사람이기에 마땅히 겪어야 하는 필요한 고통을 거절하면 그것이 길게 볼 때 열 배도 넘는 고통을 본인에게 안겨준다. 남자 성인식에서 가장 먼저 들어야 하는 반갑지 않은 메시지가 "삶은 고달프다"라는 사실은 놀랄 일이 아니다. 이를 부인할 때 진실로 우리 자신이 우리에게 가장 고약한 적이 된다.

이 장(章) 앞머리에서 예수의 소화하기 힘든 두 구절이 인용된 이유를 설명하기 위해서라도 내 얘기를 좀 해야겠다. 나는 가톨릭 집안에서 태어났다.(내가 40년 간 사제로, 50년 가까이 프란체스코회 수도자로 살았다는 사실을 독자들은 아마 알고 있을 것이다.) 덕분에 인생의 필요한 고통에 대한 가르침을 나에게 준 것은, 일부러 그럴 계획은 아니었다 하더라도, 당연히 교회였다. 교회는 자주 하는 언어로도 그랬지만, 스스로 필요한(때로는 불필요한!) 고통의 도가니가 됨으로써 그것을 나에게 가르쳐주었다.

도가니란, 당신도 알다시피, 금속을 제련하기 위하여 오랜 시간 뜨거운 불에 녹이는 통이다. 교회의 교리나 신자 훈련 과정은 모든 것이 안에서 녹는 비등점(沸騰點)으로 사람을 데려가는데 거기서 그리스도인으로 또는 한 인간으로 살아남으려면 매우 높은 차원의 단련을 받아야 한다. 그리스도교 아닌 다른 종교들도 마찬가지일 것이다. 그것들이 자기 임무를 제대로 한다면 말이다. 진실은 사람을 '자유롭게' 해주기 전에 먼저 사람을 '힘들게' 하는 성질이 있다.

예수가 대변하는 그리스도교의 진실은 내 인생을 출발시킨 첫 번째 세계관이었고 나를 형성하였고 나를 흥분시켰지만 동시에 그것과의 만남은 나로 하여금 제도화된 교회를 자주 비판하게 만들었다. 어떤 면에서 그건 그래서 마땅한 것이었다. 왜냐하면 기성 교회에 대한 나의 비판은 단순한 문화적 또는 논리적 잣대에 의한 비판이 아니라 교회 안에서 애정을 가지고 성경 말씀이나 성인들의 말씀, 기타 교회의 자료들에 의한 비판일 때 비로소 가능한 것이기 때문이다. 그런 비판만이 나름대로 건강한 열매를 거둘 수 있다고 나는 생각한다. 바깥에서 돌을 던지는 게 아니다. 그런 일은 하기도 쉽고 자기를 돋보이게 하기도 쉽지만, 모름지기 당신은 안에서 영적인 매듭을 풀어야 한다.

마침내 나는 그리스도교의 내면적 긴장(inner tension)에 붙잡혀 있는 나를 보게 되었다. 가톨릭주의는 나에게, 다른 많은 사람들한테도 그렇겠지만, '가혹한, 그래서 통일된 장'(a crucible and thus a unified field)이 되었다. 일단 가톨릭의 원초적으로 신비한 성육신적 세계관을 진실하게 받아들이면 그러기 전의 가톨릭 신자로 남아 있기가 어려운 까닭이 여기에 있다. '시간-공간'의 전체 우주를 함께 받치고 있는 원소들의 힘, 원리들, 미분자들의 단순한 세계를 서술하기 위해 아인슈타인이 사용한 '통일장'이란 말을 나도 여기서 쓴다. 아인슈타인은 바로 이 통일장을 찾는 데 자기 생애를 모두 바쳤다고 말한 적이 있다.

비록 전망에 한계가 있고 언어 또한 자기 집안에서만 통하는 성격이 있지만 여전히 나에게는 '가톨릭주의 큰 그림'이 머리, 가슴, 영혼, 역사를 모두 함께 포함하는 방(房)으로 보인다.

많은 과오를 저지르긴 했어도, 가톨릭 세계관('로마'의 세계관이라고는 하지 않았음!)은 그동안 데이야르 드 샤르댕, 마더 테레사, 토머스 머튼, 에딧 스타인스, 체사르 샤베츠, 코리 아퀴노, 매리 로빈슨, 로완 윌리엄스, 데스몬드 투투 그리고 도리스 데이를 낳았다. 나는 이것을 가리켜, '성육신 신비주의'(incarnation mysticism)라고 즐겨 말한다. 일단 그 경지에 닿으면 뒤로 돌아가는 길은 없다. 그보다 좋은 곳이 없기 때문이다.

평범하고 일상적인 교회는 자신의 밝은 면과 어두운 면 안에 나를 잡아두면서 비(非)이원론적인 사고방식을 가르쳐줌으로써 나를 위한 변형의 가마솥이 되어주었다. 그것은 나도 교회도 진짜 복음을 진짜로 살지 않고 있음을, 적어도 현재의 생활방식을 바꿀 만큼 복음을 몸으로 살아내지 않고 있음을 여실히 보여주고 있다. 그것은 그대로 살기에는 너무 큰 메시지다! 현실을 쪼개거나 부정하지 않는 태도는 나로 하여금 자신의 어두운 자아를 자주 만나면서 교회의 어두운 그늘에 대하여도 훨씬 더 참아줄 수 있게 해준다. 다른 모든 집단에서도 나는 같은 패턴을 본다. 그러기에 교회는, 다른 데와 마찬가지로, 어쩌면 훨씬 좋은 '그림자 복싱'의 수련장이다. 지적 엄숙함, 사회적 양심(최소한 문서로만이라 해도) 그리고 신비적 관망이 여기에 있다. **가톨릭교회는 저 자신을 넘어 '하나인 참 신비'(one true Mystery)를 가리킬 때에만, 그리하여 인간의 해방과 신성한 합일을 위한 수련장으로 자기를 내어줄 때**

에만, 비로소 '하나인 참 교회'(one true church)일 수 있다. 다른 종교 집단도 마찬가지다. 어쩌면 가톨릭보다 더 잘할 수도 있겠지만.

신음하는 피조물들

피조물 자체가, 자연 세계가, 이미 복음을 '믿고' 있다. 비록 제가 그러고 있는 줄 모른다 해도 어김없이 삶과 죽음의 패턴을 좇아서 살아간다. 자연 세계는 필요한 고통을 생명의 순환 그 자체로 받아들인다. 보라. 날마다 해가 지고, 그래서 지구의 모든 생명체가 산다. 끊임없이 계절은 돌아가고, 그래서 식물들은 꽃을 피우고 동물들은 먹고 먹히며 살아간다. 우리 집 강아지가 오늘 두더지 한 마리를 잡아서 나한테 칭찬이라도 들을 참인지 물고 왔다. 어떻게 녀석은 내가 끔찍하게 여기는 것을 자랑거리로 삼겠다는 것인가? 내 눈치를 보더니 풀이 죽어 두더지를 땅에 버리고 물러선다. 온갖 생물들이 동의하여 받아들이는 삶과 죽음의 보편적인 무도(舞蹈)를 오직 인간만이 외면하고 피하려 한다. 사람인 내가 완벽하게 문명인으로 되고자 할 때에만 오늘 우리 집 강아지가 한 짓은 끔찍한 폭행이 되는 것이다.

필요한 고통은 새삼 물어볼 것 없이 날마다 계속된다. 애리조나 황야에서 이 글을 쓰다가, 자그마치 25만 사구아로 선인장 씨앗들 가운데 고작 한두 개가 살아서 싹을 틔운다는 기사를 읽었다. **대부분의 자연이 엄청난 손실, 대량 도태, 짧은 수명을 삶의 대가로 순순히 받아들이고 있다. 슬픔에 대한 느낌과 온갖 부조리들이 역설적이게도 우리**

를 끌어당겨 보편적인 춤 속으로, 통일장 속으로, 값없이 주어진 것들에 대한 감사함으로 들어가게 한다. 모든 아름다움이 무료다. 그런즉 어떤 아름다움이 시든다 하여 누구를 비난할 수 있겠는가? 존재하는 모든 것들 바닥에 은총이 깔려 있는 것 같다.

이 놀라움과 두려움 사이의 창조적 긴장을, 시인 제라드 맨리 홉킨스가 아주 잘 표현하고 있다. 사실 이런 건 시인들만이 할 수 있는 일이다. 그의 기다란 시 제목에 헤라클리테스의 '끊임없이 흐르는 변화'가 고스란히 담겨 있는데, 이런 제목이다. '자연이 그대로 헤라클리테스의 불(火)이자, 부활의 위안인 데 대하여.'

육신은 시들고, 죽어야 하는 운명의 부스러기는
눈먼 구더기들 위로 떨어지고,
세계의 들불은 잿더미만 남기는데
번갯불 그리고 요란한 나팔소리와 더불어,
일순간에 나는 그리스도다,
처음부터 그가 나인 나였으므로.
이 잡놈, 익살, 불쌍한 사금파리, 넝마
그리고 성냥개비가 곧 불멸의 다이아몬드다.[1]

땅에서 자아를 구현하고 성화(聖化)되겠다는 결의, 이것이 내가 말하는 '성육신 신비주의'다. 여러 번 말했지만, 모든 문학과 시에 마지막으로 남는 주제는 두 개가 있을 뿐이다. 사랑과 죽음이 그것이다.

한정되어 있고 그래서 죽어가는 것들만이 값진 것으로 존중받는다. 우리가 만일 영원토록 산다면 결코 인생을 진지하게 살거나 사랑하는 법을 배우려 하지 않을 것이라고 사람들은 말한다. 어쩌면 그 말이 옳을지 모르겠다. **제한과 긴장, 도가니 같은 성육신의 순간들 속에서 오래 고생한 끝에 우리는 그 모든 것의 바탕에 있는 통일장 또는 '화해시키는 제3의 무엇'(reconciling third)을 탐색하고 간혹 그것을 발견한다. "가장 특수한 것이 가장 보편적인 것으로 된다"고 샤르댕은 즐겨 말했다.**

현실, 창조, 자연 자체, 내가 '그리스도의 첫 번째 몸'이라고 부르는 그것은 필요한 고통에 대하여 선택의 여지가 없다. 그에 대하여 그렇다, 아니다 말하지 않고 그냥 받아들인다. 모든 원초적인 힘들, 기본적 원리와 자기 안에 있는 입자들을 받아들이고 분해한다. 그것도 기꺼이. 이것이 스스로는 자유와 가능성이 거의 없는 무력하고 보이지 않고 나약한 부분들까지 모두 포함하는 옹근 우주, '거대한 존재의 그물망'이다. **'그리스도의 두 번째 몸'인 교회는 언제든지 "그렇다"와 "아니다"를 말할 자유가 있다. 바로 그 자유가 교회로 하여금 너무 많은 "아니다"를, 특히 죽음, 넘어짐, 과오, 실수 또는 타락에 대한 "아니다"를 말하게 한다. 최근 밝혀진 교회의 금전적·성적 스캔들에 대한 반응에서 우리는 이 사실을 분명하게 본다. 하지만 하나님은 오히려 기다리면서 인간의 자유의지와 "그렇다"고 말할 권리를 더욱 강화하실 준비가 되어 있으신 것 같다. 사랑은 자유의 경계 안에서만 피어난다.**

그런데도 나 역시 물론 죽음을 날마다 기피하고 있다. 교회는 나를 한 장소에 깊이 들어가도록 강제함으로써, 수난과 죽음과 부활을 가르치고 그것을 경험하게 해주었다. 교회와 프란체스코 수도회는 내가 오랫동안 한결같은 믿음으로 살고자 한다면 반드시 갖추어야 할 공동체 생활의 책임을 여전히 나에게 부과하고 있다. 달라이 라마도 마더 테레사도 같은 말을 하고 있다. **현실 교회는 그동안 파커 파머가 '비극적 틈새'**(tragic gap)**라고 부르는 것을 채워놓는 도구와 인내심을 나에게 제공해 주었다. 교회의 현실과 교회가 말하는 플라톤적인 발언들은 더운 가슴과 냉철한 머리를 가진 사람들한테 비극적 틈새를 만들어준다. 그러나 기억하자. 하나님의 아주 작은 부분도 사랑할 가치가 있고, 진실과 사랑의 아주 작은 부분도 길고 오래 지속된다는 사실을!**

교회는 '아주 작은 부분'보다 훨씬 크고 많은 것을 나에게 주었다. 모든 한계 있는 어버이들처럼, 교회는 나에게 '충분히' 좋았고, 어떻게 하면 모든 상황에서, 칼 야스퍼스가 말하는 '제한된 상황'에서조차 선(善)을 볼 수 있는 방법을 가르쳐주었다. 하지만 마침내는 예수께서 부자 청년에게 말씀하셨듯이, "선한 이는 오직 하나님 한 분이 계실" 따름이다.

그런즉 교회는 나에게 가장 큰 지적(知的)·도덕적 문제면서 동시에 안락한 고향 집이다. 그녀는 애처로운 창녀면서 자주 찾는 신부(新婦)다. 여전히 그 신부와의 달콤한 결혼이 이루어지고, 많은 창녀들이 신부로 바뀌기도 한다. 분명히 그리고 실제로, 우리가 교회의 '너무 커서 버거운' 메시지를 통제하려 들고 그것을 제한하고 난도질하는 한, 교회 자체가 예수에게 지워지는 첫 번째 십자가일 수밖에 없다. 내 눈에는 모든 교회

들이 예수의 옹근 몸을 그대로 감당할 수 없어서 거듭거듭 그분을 십자가에 못 박는 것 같다. 하지만 그러면서 동시에 그분을 부활시킨다. 나 또한 틀림없이 그런 교회의 축소판이다.

교회는 어떤 방식으로든지 나를 박해하거나 제한하지 않았다. 오히려 그 반대다. 실로 놀라운 일이다. 어쩌면 그래서 내가 이렇게 말할 수 있는 건지 모르겠다. 이러는 나한테 무슨 앙심이나 꿍꿍이속이 없기를 바란다. 교회는 나를 잡아주었다. 역시 자기 팔 길이 만큼밖에 잡아주지 못했지만, 그것만으로도 나로서는 충분하였다. 기성 교회는 언제나 나에게 냉담한 신부(新婦)였다. 프란체스코 수도회는 좀 나은 편이다. 복음 자체만이 나의 온전한 배우자다. 복음은 나에게 항상 진실을 말해주고, 내가 훨씬 더 넓은 새로운 어떤 장소에 이르기까지 온갖 일을 동원하여 나를 사랑한다.

이 정도면 내가 왜 앞에서 소화하기 힘든 예수의 말씀을 인용했는지 어느 정도 해명되었을 것이다. 당신은 이렇게 묻고 싶을지 모르겠다. "그게 정말 그런 거요?" 또는 "참으로 성경에 그런 말이 있소?" 좋다. 내가 예수의 말씀을 인용하는 이유는 여전히 그가 서양 세계에서는, 사람들이 그를 따르거나 말거나, 영적 권위가 있는 존재라고 생각하기 때문이다. 예수, 그는 정확하게 우리보다 높은 차원에 존재한다. 그가 우리보다 높은 데서 세상을 바라보는 분임을 깨닫기 위해서 반드시 그의 신성(神性)을 믿어야 할 필요는 없다.

어떤 사람은 내가 예수의 말씀을 인용했기 때문에 나를 신뢰할 만한 사람으로 여길 테지만, 반대로 어떤 사람은 그래서 나를 신뢰할 수 없다고 할지도 모른다. 하지만 나로서는 두 가지 위험을 감수하지 않을 수 없다. 이 모든 생각을, 그것이 현대 심리학이나 인류학의 새로운 발견들에 들어맞는다고 해서, 내 생각으로 제시한다면 나는 솔직하지 못한 것이다. **나에게 예수는 언제나 밀고 당기는 씨름 상대지만, 때로 나는 왜 처음부터 그의 말을 듣지 않았는지 그게 의아스럽긴 하다.**

별로 놀랄 일은 아니지만, 현대 심리학과 인류학의 새로운 발견들과 체제들의 조직적인 행동이 나에게 예수의 차원 높은 메시지를 들여다볼 창문과 언어들을 제공한다. 나는 그 많은 도구들을 활용하는 것이 좋다. 그것들을 사랑한다. 이제부터 온전히 필요한 고통으로 여겨지는 것 하나를 예로 들어 살펴보기로 하자. 사실 현대 심리학과 행동과학이 그것을 밝혀내지 않았더라면, 많은 사람이 아직도 그게 그렇다는 말을 들을 마음의 준비가 되어 있지 않았을 것이다.

가족 미워하기

'가족 미워하기'(hating family)라는 제목으로, 앞에서 인용한 어머니, 아버지, 형제자매와 다른 가족을 '떠나고' 심지어 '미워하라'는 매우 소화하기 어려운 예수의 말씀에 대하여 생각해 보고자 한다. 우리 안에 있는 모든 것이 총동원하여, 그분이 그런 말을 한 데는 틀림없이 다른 뜻이 있다고 말한다. 하지만 우리의 후반부 인생으로, 우리 모두 가고자 하는 그곳으로 옮겨가는 데 대하여 말하려면, 그분이 우리를 이 말씀으로 정확하게 그리고 과감하게 인도하신다는 사실을 인정해야 한다.

그가 실제로 "네 부모를 공경하라"는 모세의 네 번째 계명을 없는 것으로 만들어버렸다는 사실을 당신은 인정하는가? 이 계명이 인생 전반부에는 반드시 필요한 것이고, 그것이 언제까지나 유지될 수 있기를 사람들은 희망한다. 하지만 인생 후반부로 들어가면서 우리는 가족들과 우리가 속한 문화의 '지배하는 의식'에 맞서야 하는 경우를 자주 경험하게 된다. 그것은 우리가 상상하기보다 훨씬 잦고 심각한 일이다. 많은 사람이 전반부 인생의 경건하고 엄정하면서 미성숙한 기대들 때문에, 그것들을 충족시켜야 하기 때문에, 성숙한 종교의 경지로 들어서지 못하고 머뭇거린다. **예수도 당신을 '미쳤다'고 생각하는 가족들을 통하여 그 딜레마에 직면해야만 하였다. 복음서 기자가 '미쳤다'는 험한 단어를 쓸 수밖에 없었던 것도, 그분이 실제로 어떻게 당시 문화와 종교의 기대와 대본(臺本)에 따르지 않았던가를 여실히 보여주고 있다.**

사람이 엄마 아빠의 기대를 등지고서 자신의 영혼과 운명을 찾아 나서려면 굉장한 추진력과 자기 회의 그리고 그들과의 아픈 결별이 필요하다. 가족의 잡동사니, 지역 교회의 잡동사니, 문화의 잡동사니, 민족과 애국의 잡동사니를 넘어 앞으로 나아가는 길은, 극히 소수의 사람만이 적극적으로 그리고 철저하게 따라갈 수 있는 그런 길이다. 그들을 뒤에서 잡아당기는 힘은 절대로 만만치 않고, 그들 안에 있는 충직한 병사는, 앞에서 말했듯이, 온갖 죄의식과 수치심과 자기 회의를

통해 그것들이 하나님한테서 오는 것인 줄 알고 그들을 사로잡는다.

그래서 예수는 괜한 헛손질을 하는 대신 곧장, 어떻게든지 네 '홈 베이스'를 미워해야 한다고, 그것을 넘어서기로 선택해야 한다고 단호하게 말한다. 나는 그분이 그렇게 말씀해 주셔서 행복하다. 그러지 않았더라면 그것이 참으로 그렇다고 믿을 만한 용기를 차마 내지 못했으리라. 같은 결론에 이르러, 상처를 주는 부모들과 집안 어른들로부터의 적절한 경계를 설치하고 상처 입은 그들의 '온당치 않은 수치심'을 치료하기까지는 정신치료사들과 함께 꽤 오랜 세월을 보내야 한다. 우리 모두 더 크고 진짜인 집을 찾기 위하여 집을 떠나야만 한다.(이 문제는 매우 중요하기에 다음 장에서 좀 더 상세히 다루기로 한다.) 핵가족은 지구촌 가족의 적으로 되기가 너무나 쉽고, 성숙한 영적 구도에 장애물일 수밖에 없다.

세계 종교의 교조(教祖)들과 큰 스승들이 어떻게 자기 집을 떠나서 멀리 낯선 곳으로 순례의 길을 떠나고, 크게 돌아서고, 마침내 아래로 내려가는 길을 스스로 선택하였는지 그리고 어떻게 그들의 부모, 당시의 기성 종교, 영적 교사들 때로는 세속의 집권자들이 그들을 적으로 삼아 맞서 싸웠는지, 당신은 잘 알 것이다.

붓다, 아쇼카, 아브라함, 요셉, 모세, 예수, 수피 성자들, 프란체스코, 클라라 그리고 아토스 산과 러시아와 갑바도기아의 헤아릴 수 없이 많은 은둔자들과 순례자들의 전기를 읽어보라. 이 패턴이 오히려 보편적인 것임을 인정하지 않을 수 없을 것이다. "그것 없어도 좋으니 집을 떠나지 말라"(don't leave home without it)는 우리의 보통 정서 대신, "그것을 찾기 위하여 집을 떠나라"(leave home to find it!)가 영성의 위대한 모토인 것이다. 그리고 물론 여기서 떠나라는 것은 육신의 가족뿐만이 아니다. 집안과 가족들이 제공하는 모든 안전장치, 가치관, 착각, 편견, 왜소함 그리고 상처들 또한 우리가 등지고 떠나야 하는 것들이다.

물론 정직하고 일관되게 말하려면, '교회 가족'도 우리가 똑같은 방식으로 어려움을 감수하고 '미워해야' 하는 가족이 아닌가를 진지하게 물어보아야 할 것이다.

이 장 앞머리에 인용되어 있는 구절을 다시 한 번 읽어보기 바란다. 일반적인 상식으로 볼 때 너무 강하고 거의 몰인정하기까지 하다. 그러나 우리에게 피할 수 없는 '필요한 고통'이, 예수가 말씀하신 '자기 목숨' 또는 (나를 포함하여 다른 사람들이 말하는) '거짓 사아'를 잃어버리는 과정이 있어야 하는 것만은 분명한 사실이다. **당신의 생각과 집착이 만들어낸 당신의 역할, 신분, 자아상(像) 따위가 당신의 '거짓 자아'다. 당신이 참 자아로 존재하기를 원하는 그만큼 정확하게 그것은 죽어야 하고 죽을 것이다. "나의 참 자아를 찾기 위하여 얼마나 나의 거짓 자아를 기꺼이 떨쳐버릴 것인가?" 이것이 우리가 끊임없이 물어야 할 최후의 질문이다.**[2] 필요한 고통은 언제나 죽음처럼 느껴질 것이나, 영적 스승들은 정직하게 그것을 당신에게 말해줄 것이다.(이 점에서 '익명의 알코올 중독자들'은 주목할 만큼 성공적이다!) **당신의 영적 안내자가 그 죽음을 당신한테 말해주지 않는다면 좋은 안내자가 아니다.**

당신은, 하나님의 머리와 가슴 안에서, 본디 당신의 참 자아다. 선가(禪家)에서 말하는 '어버이 나시기 전의 본디 얼굴'(父母未生前本來面目)이다. 어떤 테크닉이나 특수 집단의 인증 또는 처방 따위로 취득될 수도 없고 상실될 수도 없는 당신의 절대적 본체, 절대적 정체가 그것이다. **보통은 절대적 정체로 알고 있지만 실은 상대적 정체인 우리의 거짓 자아를 항복시키는 일은, 사랑스럽지만 스쳐 지나가는 조개껍질 안에 감추어져 있는 '값진 진주'(마태복음 13:46)를 발견하기 위하여 반드시 겪어야 하는 '필요한 고통'이다.**

"인생이란 본래부터 하나인 두 개의 큰 신비 사이에서 잠시 빛나는 멈춤(luminous pause)이다. 만일 우리가 어느 것의 깊이 속으로 들어가고자 한다면 먼저 본질이고 진실인 무엇을 노크하는 것부터 시작할 일이다. '믿음'이라는 출발 장치를 떠나 실질적인 '앎'으로 옮겨가야 한다.

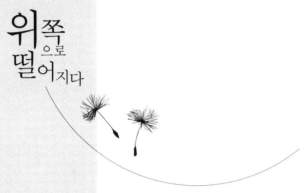

위쪽으로 떨어지다

7. 집과 향수병

Home and Homesick

7

집과 향수병
Home and Homesick

◆

늙은이들은 탐험가가 되어야 한다.

여기냐 저기냐는 문제 아니다.

다른 합일, 더 깊은 교제를 위하여,

우리는 고요해야 하고,

다른 격렬함으로, 고요히 들어가야 한다.

T.S. 엘리엇

바야흐로 우리는 인생의 진정한 목적, T.S. 엘리엇이 말하는 '다른 격렬함(intensity)… 더 깊은 교제'를 위하여, 우리의 컨테이너에 담아서 소중히 여기고 유지하기로 되어 있는 그것을 바라보고 나아갈 차례가 되었다. 이제는 달을 가리키는 손가락이 아니라 달이다. 그 어두운 면까지 모두 포함시킨 달 그 자체다. 후반부 인생의 온전하고 내면적인 자유는 호머도 묘사할 수 없었던 그런 것이다. 어쩌면 호머 자신이 너무 젊었기에 아직은 거기까지 이르지 못했는지도 모른다. 그것이 그에게 너무 어두웠는지도 모른다. 하지만 그는 그것의 필연성을 직관했다. 더 먼 여정을, 그것을 마쳐야 마지막으로 집에 안착할 수 있는 여정을 내다보고 그것을 가리켰다. 신성한 이야기의 결말은 언제나 주인공이 첫 장면에서 떠났던 그 집으로 돌아가는 것이다! 자가당착인가? 모순인가? 역설인가? 맞다. 그렇다. 그러나 그렇게 해서 돌아온 집은 전에는 상상도 못했던 전혀 다른 집이다. 언제나 그렇듯이, 그것은 주인공이 처음부터 경험한 집을 '초월하면서 내포'한다.

'집'에 대한 원형적인 관념은 동시에 두 방향을 가리킨다. 그것은 뒤로 거슬러, 어머니 뱃속에서 경험한 합일(union)의 맛과 원초적 암시(hint)를 지향한다. 우리 모두, 비록 좋지는 않아도 같은 종류의 집에서, 언제나 이상적인 낙원의 씨앗을 뿌리는 그곳에서 왔다. 또한 그것은 앞으로 이 합일의 암시와 맛이 참으로 실현되는 경지를 향하여 나아간다. 호머의 '오디세이'에서 그것은 여정의 시발점이자 종점인 아이다카 섬이다. 간결한 말투로 우리를 자주 감탄케 하는 칼 융은 다음과 같은 중요한 통찰을 우리에게 제시한다. **"인생은 본디 하나인 두 개의 큰 신비 사이에서 잠시 빛나는 멈춤(luminous pause)이다."**[1] 이것이 이제부터 내가 말하고자 하는 바로 그것이다.

아무튼지 끝은 시작 안에 있고 시작은 끝을 가리킨다. 학대당하여 아프고 괴로운 어린 시절을 보낸 사람도 여전히 이상적인 모습의 '어머니' 또는 '집'을 그리워하여, 할 수만 있으면 당장이라도 그리로 달려가려 한다는 말을 들었다. 어디서 무엇이 이루어지고 있는 것인가? 나는 융의 말에 동의한다. '하나인 큰 신비'(One Great Mystery)가 처음에 계시되었고 우리로 하여금 끝없이 그것의 옹근 실현을 향해 나아가게 한다. 우리들 대부분이 뿌리 깊게 심어진 그 약속을 놓아버리지 못한다. 집으로 돌아가려는 이 의향을 가리켜 어떤 사람은 자기 '영혼'이라 하고, 어떤 사람은 자기 안에 거하는 '성령'이라 한다. 그냥 향수(鄕愁) 또는 꿈이라고 말하는 사람들도 있다. 내가 아는 것은 그게 무시당하지 않으리라는 사실이 전부다. 그것은 우리를 앞과 뒤로, 근원과 미래로 동시에 부른다. 우리 안에 내재하면서 동시에 우리를 초월하는 은총처럼 느껴진다. 영혼은 그런 '깊은 시간' 속에서 영원토록 산다. 하나님이 우리에게 주고자 하시는 바로 그것을 갈망하는 씨앗을 우리 안에 심어놓으셨다는 생각이 들지 않는가? 나는 그렇다고 확신한다.

좀 더 잘 이해하기 위해 '향수병'(home sick)이라는 사람들이 자주 사용하는 단어를 살펴보자. 이 말은 슬프거나 우수에 젖은 무엇, 그것을 채우기 위하여 앞으로 나아가든지 아니면 뒤로 돌아가야 하는 어떤 빈 공간을 암시한다. 나는 여기서 그것을 전혀 다른 방식으로 사용할 참이다. 당신이 준비되어 있다고 믿기 때문이다. 나는 우리가 같은 힘에 의하여 밀리고 당겨진다는 말을 하고 싶다. 그리스도인들이 고백하는 '알파요 오메가인 그리스도'가 정확히 그것을 의미한다. 일종의 깊은 향수병에 의하여 우리가 떠밀리고 당겨지는 느낌이다. '욕망하는 불만'(desirous dissatisfaction)이 우리 안에 있는데, 그것은 하나님과의 원초적이고 근본적인 합일에서 오는 것이다. 우리에게 과거와 미래로 보이는 그것이 실은 같은 집, 같은 부름, 같은 하나님이다. 거기서는, 또는 그에게는 "천 년이 하루 같고"(시편 90:4) 하루가 천 년 같다.

'오디세이'에서는 이 욕망하는 불만의 소용돌이가 붕괴된 트로이, 집으로 돌아가지 못하는 대부분의 그리스 병사들로 상징되고 있다. 그들은 고향 집을 망각했거나, 타향에 집을 마련했거나, 아니면 집으로 돌아갈 팔자가 아닌 것 같다.(이들이야말로 영적 여정에서 멀리 우회하거나 죽음으로 마쳐지는 결말의 전형을 보여준다.) 오직 오디세우스만이 어떤 값을 치르더라도 집으로 돌아가려고 길을 나선다. 그래서 그가 우리 모두 마땅히 그렇게 되어야 하는 인물의 대역(代役)을 하고 있는 것이다. 오디세우스가 도중에 만났던 로터스(환각제로 마시는 술)에 취해 있는 사람들은 집으로 돌아가려 하지 않는 자들을 상징한다. 그들은 자기 자신을 잃어버렸고, 자기의 깊은 중심과 깨어 있는 의식을 잃어버렸다. 90퍼센트의 사람들이 자기 생애의 90퍼센트를 무의식 속에서, 자동 속도 제어 장치에 의지하여 살아간다는 말을 들었다.

우리 안에서, '우리 욕망의 가장 깊은 차원'에서 일하시는 하나님의 얼굴(aspect)이 곧 '성령'(the Holy Spirit)이라고 많은 신비주의 교사들은 말한다. 신비주의 전통에서 성령을 바람, 불, 하늘에서 내려오는 비둘기, 흐르는 물 같은 은유들로 묘사하는 이유가 여기에 있다. **무**

엇보다도 성령은 우리를 이미 흐르고 있는 흐름에 결속시켜 그 속에서 안전히 흐르게 한다. 단 우리가 그것을 허용할 경우에만! 우리가 성령을 '만들거나', 무슨 공로로 '획득하는' 것이 아니다. 자기의 가장 깊은 중심에 의존하여 사는 법을 배워나가다가, 처음부터 우리 안에 거하며 일하시는 성령을 발견하는 것이다. 애니 딜라드가 말했듯이 이 완전한 '통일장'은 우리에게 '주어지는' 것이다. 무슨 공(功)으로 취득하는 것이 아니다.

헤르만 헤세도 '황야의 이리'에서 말한다. "우리에게는 안내자가 따로 없다. 고향을 향한 우리의 그리움, 그것이 유일한 안내자다." 도로시도 집을 향한 그리움 때문에 오즈로 갔다가 캔사스로 돌아온다. 독자들이 그 이야기를 오래도록 즐겨 읽는 이유가 여기에 있다. 영적인 차원에서 이 모든 이야기들이 정확하게 옳다고 나는 믿는다. '집'은 하나님 안에 있는 우리의 참 자아인 '영'(the Spirit)의 다른 이름이다. 우리 안에 있는 하나님을 발견하는 같은 순간에 우리는 하나님 안에 있는 우리를 발견한다. 아빌라의 테레사에 의하면 이것이 '완전한 귀향'이다. 그때까지 우리는 향수병을 앓아야 한다. 현대인들은 그것을 고독, 소외, 동경, 슬픔, 불안 또는 절망이라는 여러 다른 이름으로 부르는 것 같다.

우리 중심에 거하는 그리움 또는 '영'을 가리키는 일반적인 단어가 '영혼'(soul)이다. 처음부터 우리한테는 우리 영혼이 있었고 지금도 있고 앞으로도 있을 것이다. 무슨 교화 과정을 통해서, 어느 단체에 가입하여, 아니면 어느 성직자의 안수를 받아서 그것을 '얻는' 것이 아니다. '처음'부터 우리 안에 '끝'이 심어졌고, 우리가 거기에 저절로 그리고 깨어서 닿을 때까지 그것이 우리를 갉아먹는다. 교회나 성직자가 하는 일이 있다면, 우리 안에 있는 하나님의 은사가 다시 불타오르게(디모데후서 1:6) 부채질하는 것이 전부다. 하지만 때로는 절실하게 필요한 이 불길을 일으키는 데 큰 사랑과 큰 고통이 더 큰 부채로 사용되는 경우가 있다.

좋은 소식이 있다. 하나의 나침반이, 의료용 소책자가, 훌륭한 안내인이 우리 모두 안에 있다는 것이다. 말 그대로 광고지에서 자주 보는, '한 상자에 모두 담겨 있음'이다. 성경도 말한다. "이 희망은 결코 우리를 주저앉히지 않습니다. 하나님께서 우리에게 주신 성령을 통하여 그분의 사랑이 우리 중심에 부어졌으니까요."(로마서 5:5) 또 우리는 이런 약속도 받았다. "내가 그대들을 고아처럼 버려두지 않고 반드시 돌아오겠소."(요한복음 14:18) 어쩌면 성령이 흔하게 '여성'으로 묘사되는 이유가 여기 있는지 모르겠다.

우리를 집에서 집으로 인도하는 '성령'이 요한복음에는 '협조자'(paraclete, 직역하면 '피고의 변호사')로 묘사되거니와, 그가 장차 우리를 '가르치고', 처음부터 우리 안에 있는 무엇을 일깨우기 위하여 울리는 '알람'처럼, 우리를 '상기시켜 줄' 것이다. 그 성령은 언제나 전적으로 우리를 '위하여' 존재하는데, 우리가 우리를 위하는 것보다 더 우리를 위하는 것 같다. 그녀는 우리를 심판하고 비난하는 부정적인 목소리들에 맞서 우리를 옹호해 준다. 이것이 우리에게, 이제 더 이상 내 인생 내 힘으로 살지 않아도 되겠다는, 완벽한 인생을 올바르게 살려고 일부러 애쓸 필요 없겠다는 희망을 안겨준다. **이제 우리의 삶은 동정녀 마리아에게 그랬듯이(누가복음 1:38), 그냥 '우리한테서 이루어지는' 것일 따름이다. 물론 다른 차원에서 보면 우리가 하는 것이기도 하다! 둘 다, 똑같이 진실이다.**

이 신비를 가리켜 하나님과의 '협력'(conspiracy) 또는 '함께 숨쉬기'(co-breathing)라고 말하는 이들이 있다. 이는 하나님과 인간의 영혼 사이에서 이루어지는 일을 설명하는 가장 심오한 말이기도 하다. 이 둘 사이에서 이루어지는 깊은 '협력'(로마서 8:28)이 곧 진정한 영성이다. 진정한 영성은 그 안에서 양쪽이 서로 주고받으며 하나인 진실과 기쁨을 함께 나누는 일종의 '합동 작용'(synergy)이다.[2]

옛 사람들이 옹근 전체를 향한 이 내면의 동경(憧憬)을 가리켜, '운명', '팔자', '안에서 들리는 음성' 또는 '신(神)의 부름'이라고 한 것은 옳았다. 그것은 그럴 수밖에 없는 필연이자 거역할 수 없는 권위다. 거의 모든 신화들의 중심이 여기에 있다. 신화의 주인공들은 저마다 자기 안에서 자기한테 말하는 음성을 듣는다. 그 목소리를 듣고 그것이 인도하는 대로, 거기가 어디든지 간에, 온갖 위험을 무릅쓰고 갈 수 있었던 데 그들이 영웅으로 된 이유가 있다. 슬프게도 오늘 우리는 거의 모든 차원에서 그와 같은 내면의 위안과 협조가 결여되어 있음을 본다. 교회, 사원, 모스크를 열심히 다니는 사람들조차 영적인 세계라는 게 과연 있는지를 처음부터 의심하고, 그래서 인생을 변화시켜 줄 음성을 아예 듣지 못하는 것이 오늘 우리의 진짜 문제다.

옛 사람들과 달리 현대 이후의 사람들에게는 우주도 별로 매력적인 무엇이 아니다. 우리는 온갖 매력적인 것들을 우리 스스로 만들어야 한다. 그래서 결국 외로워지고 혼란에 빠지고 의심으로 가득차게 된다. 무엇을 발견하고 기뻐하는 일에 더 이상 보람도 없고 의미도 없다. 이 메마르고 텅 빈 세상에서 우리 힘으로 의미를 창출해야 한다. 그런데 그 일에 제대로 성공하는 사람이 거의 없다. 이것은 완고하고 고독한 이 시대를 살아야 하는 우리에게 무거운 짐이다. 게다가 우리 모두 그것이 자기가 해결해야 하는 문제라고 생각한다.

하지만 오늘 이 시대가 우리에게 주는 선물도 있다. 과학, 특히 물리학과 천체물리학, 인류학, 생리학의 새로운 발견들이 종교의 깊은 깨달음을 확인해 주고 있는 것이다. 그것도 최근 들어서 아주 빠른 속도로! 우주가 단순한 불활성(inert) 물질이 아니라 참으로 '영감에 찬 물질'(inspirited matter)인 것을 우리는 이제 알고 있다. 사람들은 그것을 본성, 진화, 핵융합, DNA, 치유, 성장 등으로 부르기도 한다. 하지만 자연은 분명 제 안에서 저 자신을 계속 갱신하고 있다. 안에서부터 끊임없이 저를 창조하고 다시 창조하는 물건을 하나님이 창조하신 것 같다. 더 이상 하나님이 한 번에 완성해 놓으신 창조 또는 진화가 아니다. 오히려 하나님의 창조 형식이 곧 진화라고 하겠다. 마침내 하나님이 그리스도교의 '마지막 패'(trump card)인 성육신을 완성하시도록 허용된 것이다! 우리가 여기까지 오는 데 참 오랜 시간이 걸렸다. 그러나 이원론으로 생각하는 사람들은 여전히 이 자리에 뛰어들지 못한다.

오디세우스의 노(櫓)가 내륙의 나그네한테 낟알 가려내는 키로 보였다는 사실을 기억하시는가? 배 젓는 데 쓰이던 노가 낟알과 쭉정이, 본질과 비(非)본질을 가려내는 연장으로 바뀐 것이다. 그것은 정확하게, 후반부 인생에서 실현될 '분별'을 향한 전환이다. 얼마나 눈부신 상징을 호머는 우리에게 제공하고 있는가! 이것이 오디세우스의 여정이 끝나고 있음을 보여준다는 사실은 하나도 이상할 것 없다. **마침내 그는 집으로 갈 수 있게 되었다. 그 이유는 자기의 완전한 참 자아로 돌아왔기 때문이다. '밖으로 연출되는'(outer performance) 그의 항해와 노 젓기가 드디어 막을 내렸다. 이제는 깊은 자아의 단순한 바탕에서 쉴 수 있게 되었다. 바야흐로 '행동하는'(doing) 인간의 삶을 그치고 '존재하는'(being) 인간의 삶을 즐길 수 있게 된 것이다.**

중요한 대목을 여러 다른 형태로 반복하는 것도 좋은 일이다. 내 생각의 흐름을 여기에 한번 요약해 본다.

● 우리는, 스스로 그것을 알든 모르든, 우리의 '참 자아'를 찾아 나서도록 내적인 충동과 운명을 지니고 태어났다. 그 여정은 나선형(螺旋形)이다. 직선 코스가 아니다.

● 우리는 속으로 불안(restlessness)을 안은 채 창조되었고, 후반부 인생에 주어진 약속을 향해서 위험을 무릅쓰고 앞으로 나아가도록 부름 받았다. 우리 모두 안에는 '하나님 크기의 구멍'(God-size hole)이 있고 그것은 채워지기를 기다리고 있다. 오직 하나님의 은총만이 그리고 마침내 신성한 사랑만이 채워줄 수 있는 바로 그 '불만'을 창조

하신 것이다.

- 우리는 사람을 멍청하게 만드는 중독, 주의를 산만하게 하는 술, 책, 생각 없는 오락 따위로 감히 우리 영혼과 마음을 채우려 하지 않는다. 악(惡)의 모양은 흔히 '대죄'(hot sins)라고 부르는 것들보다 훨씬 더 맹목적이고 표피적이다. **하나님은 모든 것의 '깊이' 속에, 특히 우리가 저지른 과오와 실패들의 밑바닥에 숨어 계시고 거기서 발견되신다. 비록 성경, 교회, 교회의 성사(聖事) 같은 거룩한 것들이라 해도 그 '거죽'에 머물러 있는 것이 죄다.**

- **만일 우리가 어느 것의 깊이 속으로 들어가고자 한다면 먼저 본질이고 진실인 무엇을 노크하는 것부터 시작할 일이다. '믿음'이라는 출발 장치를 떠나 실질적인 '앎'으로 옮겨가야 한다.** 이는 특히 우리가 무조건 사랑을 받거나, 누구와 더불어 죽음을 경험하거나, 장엄한 자연 앞에서 삶을 바꿔놓을 만한 외경(畏敬)을 경험할 때 이루어질 수 있다.

- 세계의 종교들이 천국, 열반, 지복(至福) 또는 깨달음이라는 말로 가리키는 것이 바로 이 진실인 무엇(something real)이다. 종교들은 조금도 틀리지 않았다. 다만 그것들을 내세로 미루어둔 것만큼은 잘못이었다. 만일 천국이 '나중'에 있다면 그것이 모든 것의 '처음'이기 때문에 그런 것이다.

- 이런 것들은 영원한 무엇을 우리에게 약속, 힌트, 보장, 담보한다. 일단 진실(the Real)에 닿으면, 그 진실이 영원한 것이라는 '강한 주장'을 안에서 만나게 된다. 원한다면 그것을 '그러기를 바라는 생

각'이라고 불러도 좋다. 그러나 이 '주장'은 인류가 비롯될 때부터 줄곧 이어져온 '직관'이다. 예수는 사마리아 여인과 말씀을 나누실 때 "내가 주는 물은 그 사람 안에서 샘처럼 솟아 영원히 살게 할 것"(요한복음 4:14)이라고 약속하셨다. 달리 말하면 천국/합일/사랑이 우리 바깥에 있는 신앙 체계나 교리보다 우리 자신 안에서 훨씬 더 생겨난다는 얘기다.

그러므로 우리는, 오디세우스처럼, 아이다카 섬을 떠나 아이다카 섬으로 돌아온다. 하지만 이제 돌아온 아이다카 섬은 완전한 집이다. 그 안에 모든 것이 들어 있기 때문이다. 아무것도, 우리의 어두운 구석들조차, 버려지거나 미움 받지 않고 오히려 우리를 위하여 사용된다. 모든 것이 용서받았다. 이것이 귀향 아니면 무엇이 귀향이란 말인가? 많이 알려진 인물은 아니지만 이집트 시인 C.P. 카바피가 그의 시 '아이다카'에서 참으로 아름답게 이 과정을 노래하고 있다. 서투르게나마 옮기면 이렇다.

> 아이다카, 그대에게 아름다운 항해를 선물한 아이다카,
> 그녀 없이 그대 결코 길을 갈 수 없었으리.
> 그녀의 위대한 지혜로 항해를 마쳤으니
> 그대, 그 많은 경험들로 마침내
> 아이다카, 그녀가 무엇인지를 알았겠구나.

그저 살아남기 위해서가 아니라

성장하기 위해서 우리는 세상에 태어났다.

인생은 천국을 향해 가는 수련이다. 우리는 일찍이 합일을 선택하였고, 그래서 지금 이 수련의 길을 가고 있다. 여기(here)와 나중(later)이 합일된 상태, 거기가 천국이다. 지금이 이렇듯이, 그때도 이렇다. 누구도 자기가 원치 않으면 천국에 있을 수 없고, 누구나 합일 속에서 살면 곧 천국에 있는 것이다. 이웃과 사귀는 친교의 방이 충분히 넓어서 더 크게 증축할 필요가 없는 사람, 그 사람이 지금 천국에 있는 사람이다. 이웃을 받아들이는 방이 큰 그만큼, 당신의 천국도 클 것이다.

위쪽^쪽으로
떨어^어지다

8. 기억상실증과 큰 그림

Amnesia and the Big Picture

8

기억상실증과 큰 그림

Amnesia and the Big Picture

◆

하나님은 처음부터 사람들에게 그들의 온전한 권리를 주고자 하셨지만 그들이 그
것을 받아들일 수 없었다. 아직 어린아이였기 때문이다.

성 이레네우스

처음에서 끝까지 확장되는 자연, 그것이 '나인 나' 이신 하나님의 한 형상을 이룬다.

닛사의 성 그레고리우스

많은 사람이 여러 방식으로 말하고 있거니와, 우리 모두 자기 정체를
잘못 아는 데서 오는 고통을 겪고 있는 것 같다. **인생이란 자기가 본디
누구인지를 온전히 의식적으로 알아가는 길고 어려운 과정이다.** 자기의
'참 자아'를 우리는 거의 모르고 있다. 마치 심한 '기억상실증'을 앓는 것

같다. 앞서 말했듯이 숱한 동화의 주인공들이 본디는 귀족, 왕족으로서 왕이나 신의 자녀들이다. 그러나 그 신분이 본인들한테는 감춰져 있고, 그것을 발견하는 내용으로 이야기가 펼쳐진다. 그들은 자기 정체를 알아볼 만큼 성장하고 성숙해야 한다. 그들이 걸어야 하는 인생 여정의 목적이 바로 이 성장과 성숙에 있다.

자기의 참 자아를 발견하도록 우리를 가르치고 인도하는 것이 종교의 진정한 임무다. 그런데 오히려 우리를 옳은 집단에 소속시키고 옳은 전례를 행하고 옳은 신조를 고백하게 함으로써 어떤 종류의 가치 경쟁으로, 개인의 공로로, 종교적 성취로 빠져들게 하는 과오를 범하고 있는 것이 오늘 종교의 현실이다. 그것들은 당신을 기슭에서 떠나 넓은 바다로 들어가게 하는 예인선이요, '신비' 자체에 연결시켜 그것과 더불어 일하게 해주는 노(櫓)다. 하지만 이 도구들을 당신이 그분의 "영광과 덕스러움을 나눠 가지는"(베드로후서 1:4) 것과 혼동하지는 말아야 할 것이다. 그것이야말로 틀과 내용, 전달하는 수단과 전달되는 메시지를 같은 것으로 혼동하는 일반적이고 비극적인 오류다.

이 장 앞머리에 인용된 두 구절이 보여주듯이, 초대교회 특히 동방교회 교부들은 그들이 '신격화'(theosis)라고 부르는 것에 대해 조금도 타협할 줄 몰랐다. 이 두 구절 말고도 깜짝 놀랄 만한 인용문이 얼마든지 있다.[1] 그러나 미래를 지향하고 결과에 치중하고 어디서나 승패를 가려야 하는 사람들한테는 '좋은 소식'(복음)이 '너무 좋아서 진짜일 수 없는' 것이었다. 우리의 참 자아를 깊이 아는 그것이, "내가 이 글을 쓰는 것은 그대들이 진실을 몰라서가 아니라 알기 때문이고, 어떤 거짓말도 진실에서 나오지 않는다는 것 또한 알고 있기 때문이오"(요한일서 2:21)라고 요한이 말할 때 염두에 둔 바로 그것이었다. 아니었으면 그토록 확신에 차서 권위 있게 말하진 못했으리라. 나도 마찬가지다.

우리 모두 더 큰 근원(a Larger Source), 통일장, 공유하는 성령(shared Spirit)에 의존하여 살아간다. 나 또한 당신의 수평적 인식(linear cognition)보다 우리 안에 있는 깊은 시간의 수직적 인식(inner, deep-time recognition)에 더 많이 의존한다. 당신도 지금쯤 알고 있을 것이다. 그러기를 바란다. 영국 시인 워즈워드가 그 내용을 아름답게 노래하고 있다.

우리 태어남은 하나의 잠, 하나의 망각일 뿐.
우리와 함께 깨어난 영혼, 우리의 생명별이
아주 멀리로부터 와, 있지 않은 데가 없으니
완전 망각된 것은 아니다.
그리고 아주 벌거숭이도 아니다.
우리 집인 하나님,
거기에서 빛나는 구름 거느리고 우리 왔나니,
젖먹이 안에 천국이 누워 있구나.
아이가 자라 소년으로 되면서
감옥 그늘이 그를 덮긴 하겠지만,
보라, 그가 마침내 눈을 들어
빛과 함께 빛이 오는 곳을 쳐다보는구나.

기쁨에 겨워 올려다보는구나.[(2)]

워즈워드의 방대하고 심오한 시는 그를 교회 명예박사로 존경하기에 충분한 이유가 된다. 성숙한 종교는 언제나 당신을 거짓 자아의 답답한 감옥에서 나오게 하려고 노력한다. **많은 사람이 나에게 영성은 배우기(learning)보다 배운 것 지우기(unlearning)에 더 많이 달려 있다고 말해 주었다. 자라나는 소년은 통상 거대한 착각 안으로 자라게 마련인데 그를 감옥에서 꺼내어 하나님 안에 있는 그의 처음으로 돌려보내려면 그가 자라면서 배운 모든 것이 깨끗하게 지워져야 하기 때문이라는 것이다.** 예수도 말씀하신다. "내가 진정으로 말하는데, 그대들이 돌이켜 어린아이처럼 되지 않으면 결단코 하늘나라에 들어가지 못할 것이오."(마태복음 18:3) 이것은 제자들이 이기적이면서 야망에 찬 질문인 "누가 가장 큰 사람이냐?"라며 말다툼하던 자리에서 들려주신 말씀이다.

나는 가끔 우리가 그토록 자랑스럽게 암송해 온 '사도신경'에 우리 신앙이 세워졌다는 사실이 의미하는 바를 깨닫고 깜짝 놀라 실망할지도 모르겠다는 생각을 한다. 그들은 핵심을 거의 놓쳤고 우리만큼이나 어리석은 것 같다. 그래도 하나님은 그들을 여태 쓰셨다. 우리와 마찬가지로 그들 또한 어린아이들이기 때문이다. 나는 그들의 미숙한 신앙을 진심으로 함께 나눈다. 하나님과 진리를 향해 나아가는 길 위에서 우리 모두 영원한 초보자들이다.

천국과 지옥

대부분 종교 전통들이 신과의 합일을 발견 또는 재발견하는 것을 가리켜 '천국'이라고 불러왔다. 그것을 잃어버린 것이 '지옥'이고. 기억상실의 딱한 결과로 우리는 지옥이니 천국이니 하는 이 말들이 우리의 현재 경험을 지칭하는 것이라는 사실을 생각조차 못하게 되었다. 자기의 참 자아가 누군지를 모를 때 당신은 '깨달음'을, 거기서 이기는 자가 거의 없는 미래의 보상과 형벌 시스템 속으로 밀어 넣는다. 오직 참 자아만이 천국은 지금(now)이고 그것의 상실인 지옥 또한 지금인 것을 안다. 거짓 자아는 종교를 내 친구 브라이언 맥클라렌이 말하는 '내세를 위한 철수 계획' 속으로 밀어 넣는다. 기억상실은 참으로 끔찍한 결과를 가져다준다. 유대인들이 "기억하자"는 말을 그토록 많이 하는 것은 하나도 이상한 일이 아니다.

자기의 참 자아를 찾은 사람은 '큰 그림' 안에서 전체 역사와 깊은 시간의 한 부분으로 사는 법을 배운 사람이다. 예수는 이렇게 삶의 틀과 현주소가 바뀌는 것을 가리켜, '하나님 나라'에 사는 것이라고 하셨다. 그것이야말로 중대한 방향 전환(about-face)이다. 물론 자기의 '작은 왕국들'을 등지고 떠나는 이 필수 과정이 우리가 몸소 작정하여 임의로 하는 일은 아니다. **인생은 천국을 향해 가는 수련이다. 우리는 일찍이 합일을 선택하였고, 그래서 지금 이 수련의 길을 가고 있다. 여기(here)와 나중(later)이 합일된 상태, 거기가 천국이다. 지금이 이렇듯이, 그때도 이렇다. 누구도 자기가 원치 않으면 천국에 있을 수 없고, 누구나 합일 속에서 살면 곧**

천국에 있는 것이다. 이웃과 사귀는 친교의 방이 충분히 넓어서 더 크게 증축할 필요가 없는 사람, 그 사람이 지금 천국에 있는 사람이다. 이웃을 받아들이는 방이 큰 그만큼, 당신의 천국도 클 것이다.

"우리 아버지 집에 방들이 많다"(요한복음 14:2)고 하신 예수의 말씀에도 이런 뜻이 담겨 있었으리라. 만일 당신만 홀로 자신의 눈부신 공로를 입고 천국에 들어갔다면, 틀림없다, 거긴 천국이 아니다. 당신이 배척하는 게 많으면 많을수록 그만큼 당신의 삶은 고달프고 외롭고 지옥 같을 것이다. 사랑하는 사람이 자기와 함께 있지 못하고 영원한 불길 속에서 벌을 받는데 그 누가 어떤 천국에서 '완전한 행복'을 누린단 말인가? 그건 불가능한 일이다. 주님이 가르치신 기도, "하늘에서처럼 땅에서도"를 기억하자. 지금처럼 그때도, 여기처럼 거기도!(As now, so there; as here, so there!) 우리는 우리가 원하고 구한 그것을 정확히 얻을 것이다. 어김없다. 여기엔 어떤 야바위도 통하지 않는다.

만일 당신의 하나님이 자기를 사랑하지 않은 자들에게 벌을 주고 그들을 영원한 고통의 지옥에 던져버리는 그런 하나님이라면, 이 땅의 많은 사람들이 하나님보다 더 큰 사랑을 더 많이 한다는 우스꽝스러운 결론에 도달한 셈이다! 하나님은 당신과의 합일에서 아무도 축출하지 않지만, 우리의 자유를 지키기 위하여, 우리가 스스로 축출당하는 것을 내버려두신다. 바로 그 '축출'을 가리키는 말이 '지옥'이고, 그것은 이론적 가능태(logical possibility)**로 존속되어야 한다.** 자기 자신을 합일에서 제외시키고 공동체와 사랑에서 분리시키는 것이 이론적 가능태로 인정되어야 한다는 말이다. 아무도 최후의 결별과 고독을 스스로 선택하지 않는 한 지옥에 들어갈 수 없다. 그것은 결국 자기의 가장 깊은 욕망을 그대로 두느냐 아니면 지워버리느냐에 달린 문제다.

예수는 자기 병을 고쳐달라고 요청하는 사람이면 누구나 고쳐주셨다. 그의 치료 행위에는 아무 전제가 없었다.(성경을 직접 조사해 보라.) 이 땅에 살아있는 동안 그토록 아무 조건 없는 사랑을 베푸신 분이 어째서 죽은 뒤에는 갑자기 엄격한 조건을 제시하고 거기에 합격한 자들만 사랑하신단 말인가? 둘이 같은 예수인가? 아니면 부활한 뒤로 당신의 정책을 바꾸신 건가?

천국이냐 지옥이냐는 전적으로 당신의 원수처럼 보이는 자들까지 용서하고 치유하고 축복하시는 하나님을 받들어 모시느냐 아니냐를 결정하는 본인의 자유의지에 딸린 문제다. 하나님이 먼저 그렇게 하시지 않는다면 어떻게 예수가 원수를 축복하고 용서하고 사랑하라고 말할 수 있으며 몸소 그렇게 할 수 있겠는가? 예수께서 우리에게 원수를 사랑하라고 하신 것은 당신 아버님이 늘 그렇게 하시기 때문이었다. 결국 하나님을 닮는(에베소서 5:1) 그것이 영성의 전부다.

"고전적 영성의 길은 언제나 엘리트주의자(elitist)로 출발하여 인류 평등주의자(egalitarian)로 마쳐진다"는 켄 윌버의 말은 후반부 인생의 단계를 참으로 잘 묘사한 것이다. 언제나 그렇다! 일찍이 엘리트적 선민의식으로 시작하여 경계 없는 예언자들의 출현과 함께 머잖아 보편적 공교회(가톨릭)라는 간판을 내걸게 될 그리스도교로 마감되는 유대교에서,

언제 어디서나 하나님의 기쁨을 보는 수피 이슬람과 힌두 크리슈나에서, 한 톨의 모래 또는 도토리로 출발하여 무한의 바다에서 춤추는 자기를 발견하는 윌리엄 블레이크나 레이디 줄리안 같은 신비주의자들한테서, 안에 들어온 사람들 모두가 땀에 젖은 몸으로 흙을 접촉하면서 "모두가 친척들!"이라고 말하는 아메리카 원주민의 한증막에서, 우리는 그것을 본다.

인생은 먼저 서로 다른 상위(相違, diversity)를 향해 나아가다가, 더 높은 차원에 이르러, 바로 그 다른 것들의 합일(合一, union)을 지향한다. '하나와 여럿'은 오래된 철학의 문제인데, 그리스도교는 그것을 '삼위일체' 하나님으로 풀어낸다. 여태까지 우리는 인류 평등주의보다 엘리트주의를 더 많이 사랑해 왔다. 우리는 '하나'를 좋아했지만 바로 그 '하나'에 '여럿'을 어떻게 포함시킬 것인지 그 방법을 몰랐다.

내 눈에는 '너무 좋아서 진짜일 수 없는' 무엇을 잊거나 부인하는 우리가 우리의 가장 고약한 적인 것 같다. 공로니 가치니 하는 것들이 별 의미 없는 은총의 경제(economy of grace)보다, 세계를 승자와 패자로 나누는 공로의 경제(economy of merit)를 에고가 더 좋아하는 것은 틀림없는 사실이다.[3] 후자에서는 소수자들이 영광을 누리고 전자에서는 모든 영광이 하나님께 있다.

당신의 기억상실증이 치료되어 천국으로 들어가는 것은 행복한 어린아이의 여전히 매력적인 세계를 회복하는 것이다. 하지만 그 속에는 당신이 그동안 경험한 사랑, 당신만의 독특한 인생 여정, 당신의 모든 인간관계, 당신을 정직하고 겸손하게 해주는 그동안의 과오와 실패들이 모

두 포함되어 있다. 이 '두 번째 어린 시절'(second childhood)을 이야기하려면 개인의 실례(實例)를 살펴볼 필요가 있다. 그래서 나 자신의 후반부 인생에서 경험한 것들을 이야기해 보려고 한다.

더 좋은 것을 실천하는 것이

나쁜 것에 대한 최선의 비판이다.

왜 사람들이 전반부 인생을 사는 동안 그와 같은 관제탑 안에 머물러 있는
건지 그 이유를 알겠다. 모든 부분들을 포함하는 전체를 아직 충분히
경험 못했기 때문이다. 전반부 인생의 '순진함'에는 더 깊고 검정(檢定)된
행복이 당신 앞에 있음을 알 때까지 놓아버릴 수 없는 행복과 흥분이
포함되어 있다. 하지만 아직 전반부 인생인 당신은 그걸 모른다! 그래서
후반부 인생이 당신한테 그걸 말해주어야 하는 것이다.

위쪽으로
떨어지다

9. 두 번째 단순함

A Second Simplicity

9

두 번째 단순함

A Second Simplicity

◆

합리적이고 비판적인 사고방식을 넘어 우리는 다시 초대받을 필요가 있거니와, 그
것이 우리를 '두 번째 순진함'(second naivety)으로 인도할 수 있다. 그것은 첫 번째
순진함의 기쁨으로 돌아가는 것이지만, 이번에는 전혀 새롭고 포용적이고 성숙한
사고방식이다.

폴 리꿰르

사람들은 이성적이기 전(前)의 사람으로 낙인찍히는 게 너무 겁나서 초(超)이성적인
존재로 될 가능성을 부인하고 회피한다. 그런가 하면 언제나 초(超)이성적인 순수한
종교 체험을 단순한 이성적이기 전(前)의 정서들로 바꿔치기하는 사람들도 있다.

켄 윌버

위에 인용한 두 구절은 위대한 두 사상가의 것으로, 나의 영적 여정에서 일어난 일을 어느 정도 잘 묘사해 주고 있다. 내 인생은 2차 바티칸 공의회 이전의 지극히 보수적인 로마 가톨릭 풍토에서 시작되었다. 나는 때 묻지 않은 캔사스의 경건하고 준법적인 집안에서 태어났다. 안정된 결혼 생활을 하는 부모 밑에서 당시 나의 시간과 공간을 성결하게 해주는 사랑스러운 전통 예전(禮典)에 둘러싸여 어린 시절을 보냈다. 그것이 나에게 경이로운 첫 번째 단순함(first simplicity)이었다. 나는 무척 행복한 아이였고 젊은이였다. 그 무렵의 나를 아는 사람이면 누구나 동의할 것이다.

그런대로 나는 이런저런 경험을 통하여 성장했고, 1960년대와 70년대의 훨씬 넓어진 세상에서 철학과 신학을 배우고 프란체스코 수도회로부터 폭넓고 자유로운 예술 교육을 받기도 하였다. 그 교육이 합리적 복잡함(rational complexity)으로 들어가는 내 첫 번째 여정이었다. 나는 아담과 하와가 그랬듯이 동산을 떠났다. 그랬다. 나의 새로운 성경 읽기는 아담과 하와가 어쩌면 역사적 인물은 아니지만 매우 중요한 원형적 상징들임을 분명히 밝혀주었다. 뭐라고? 역사적 인물이 아니라고? 캔사스의 우리 부모는 걱정이 태산이었다. 그러나 나는 신지식과 '계몽'에 흠뻑 취했고, 더 이상 캔사스 촌놈이 아니었다. 나는 도로시처럼 '무지개 너머'로 건너갔다. 얼마 동안 동산 밖에서 슬프고 당황스러운 시절을 보내야 했고, 몇 가지 순진한 철부지 짓은 더 할 수 없게 되었다. 그러나 "불타는 칼을 든 천사들"(창세기 3:24) 때문에 나는 첫 번째 동산으로 돌아갈 수 없었다. 불행하게도 뒤로 돌아가는 길은 없다. 아무튼 무지개 저편 어린 시절의 인생이 훨씬 쉬운 것은 사실이다.

흐르는 세월을 따라 나는 자연스럽게 매우 전통적이면서 진보적인 사람으로 되었고, 아마도 지금까지 그렇게 살아온 것 같다. 이윽고 나는 훨씬 더 크고 더 행복한 동산을 발견하였다.(계시록 21장 끝부분에 묘사된 새 동산을 참고하시라!) 나는 지금 아담과 하와를 전적으로 믿는다. 하지만 전보다 열 배쯤 높은 수준에서 믿는다.(문자주의는 가장 낮은 수준에서 의미를 읽는다.) 그 뒤로 나는 오랜 세월을 국적 없는 사람처럼 살았지만, 실은 어느 나라든지 가서 터 잡고 살 수 있는 그런 사람이 되었다. 아무데도 없는 땅(nowhere land)이 나를 놀라게 하였다. 단순한 진보주의도 단순한 보수주의도 더 이상 나에게 맞지 않았다. 이것이 나에게는 패러독스로 들어가는 첫 번째 입문이었고, 그동안 나에게 무슨 일이, 왜 그리고 어떻게 일어났는지를 조사하고 이해하는 데 중년 인생의 대부분을 보내야 했다.

나에게 이 '천로역정'은 원둘레가 넓어지면서 연속적이고 자연스럽고 유기적으로 이루어졌다. 나는 대중을 상대로 강연하러 다니느라 여러 나라와 문화들 사이로 이리저리 그네를 뛰어보는 행운을 누렸다. 하지만 오랜 전통의 든든한 토대는 결코 흔들리지 않았다. 나는 다만 계속 팽창하는 렌즈, 잣대, 내면의 공간 그리고 범위였다. 언제나 더 큰 폭과 더 넓은 시야를 향해 나아갔고, 자동으로 더 많은 생각들을 포용하고, 사람들을 더 깊이 이해하게 되었다. 하나님은 항상 더 커지셨고 나를 더 넓은 곳으로 데려가셨다. 하나님이 무엇을 포용하고 허용하신다면 나는 왜 안 되는가? 나는 하나님이 당신의 적들을 내동댕이치시는 걸 별로 보지 못하였다. 실은 하나님이 내동댕이치시는 상대는, 아빌라의 테레사가 말했듯이, 당신의 친구들이다! 하나님이 우리에게 아무 조건 없이 우주적인 사랑을 하라고 명하셨다면 당신 자신도 그렇게 하셨어야 마땅한 것 아닌가?

나는 곧 미국보다, 로마 가톨릭보다 훨씬 큰 세계를 만나게 되었는데 덕분에 미국도, 가톨릭도 하나의 모순이라는 사실을 알았다. 미국 화폐에 새겨진 문장인 '여럿에서 하나'(e pluribus unum)는 그 속에 많은 사람들(유색인, 동성애자, 원주민, 가난한 민중 등)을 포용하지 않았다. 그리스도교 신자인 나는 끊임없이 로마 아니면 가톨릭 둘 가운데 하나를 선택해야만 했다. 예수는 온 세상을 구원하는 분(요한복음 4:42)이든지 아니면 아예 아무도 구원하지 않는 분이다. 미국은 세계 모든 나라를 민주주의 방식으로 대하는 나라든지 아니면 아예 민주주의를 신봉하지 않는 나라다. 이것이 내가 세상을 보는 방식이다.

그러나 그렇게 나를 찾아온 변화와 깨달음의 느린 과정은 '이것 또는 저것'(either-or)을 결정하는 것이 아니었다. 그것은 커다란 '이것도 저것도'(both-and)에 대한 깨달음이었다. 많은 기도와 자기 회의, 공부 그리고 대화 없이는 아무것도 이루어지지 않았지만 여정 자체가 나를 이끌어 교회에서 말하는 '성결함'이 무엇인지, 미국이 말하는 '자유'와 심리학이 말하는 '옹근 전체'(wholeness)가 무엇인지를 깊이 알 수 있게 해주었다. 내가 무엇을 초월할 수 있었다면 그것을 포용할 만큼 넓어졌기 때문이다. 폴 리쾨르가 말하는 '첫 번째 순진함'은 여정을 출발하는 가장 좋은 방법이었고, '두 번째 순진함'은 분노, 분열, 소외, 무시당하지 않으면서 같은 여정을 계속하는 가장 쉬운 방법이었다. 나는 이제 '두 번째 순진함'이야말로 성숙한 어른과 성숙한 종교의 목표라 믿고 그렇게 되기를 희망한다. 잘 늙은 사람 얼굴이 동안(童顔)인 이유가 거기 있는 것일까? 그곳이 우리 모두 가야 할 경지 아닐까? 그래서 한 시인이 "아이는 어른의 아버지다"라고 말한 것 아닐까?

사물이나 사건을 바라보고 무엇을 판단할 때 사용하던 나의 밝은 관점이 살아오는 동안 차츰 흐려졌다. '우주'(universe)라는 말 자체가 '한 물건을 돌려놓다'(turn around one thing)라는 뜻이다. 내가 그 '한 물건'이 아님을 나는 알고 있다. 이 우주 안에 어떤 '큰 진실'(Big Truth)이 있든지 아니면 언제나 믿을 수 있는 진실이 아예 없든지 둘 중 하나다. 이 모든 것 뒤에 어떤 패턴(그게 '예외'라는 패턴이라 하더라도!)이 있기를 우리는 희망한다. 그렇지 않으면 매우 부조리한 우주가 있게 되는 건데, 포스트모던 시대의 많은 사람들이 그것을 받아들이는 모양이지만 나는 그럴 수 없다.

성숙한 종교와 몇몇 과학자들은 우리가 '큰 그림'으로, 초월로, 끊임없이 이어지는 성장으로, 우리 자신과 다른 모든 것의 합일로 마침내 가게끔 설계되었다고 말한다.[1] 만물을 위해서 하나님이 존재하고 모든 피조물에 신성한 DNA가 있든지 아니면 하나님이 아예 하나님 아니든지 둘 중 하나다. 우리 모두 보이지 않는 발에 채이면서 아우성치면서 더 높은 차원의 합일과 포용하는(다른 사람을 '다르니까' 용납하는) 능력 쪽으로 내몰리는 것 같다. 내 눈에는 그렇게 보인다. **데이야르 드 샤르댕은 "생겨난 모든 것이 한 곳으로 수렴되어야 한다"고 말했다.**

그런데 당신한테 동의하지 않거나 당신 이름을 잘못 부른 자들을 고문하고 영원히 추방하는 낮은 차원의 하나님 신앙에 머물러 있거나 아주 고착되어 있는 사람들이 참으로 많이 있다. 그렇게 작고 쩨 쩨한 하나님을 믿으면서 어떻게 안전, 자유, 사랑, 신뢰를 느낄 수 있단 말인가? 이 어리석음을 예수가 "아무리 못된 사람도 자식한테 좋은 것을 줄 줄 알거늘, 하늘 아버지께서 달라는 사람에게 더 좋은 것을 주시지 않겠소?"(마태복음 7:11)라는 한 마디 말로 녹여주셨다. 인생 여정에서 내가 만난 하나님, 나를 사랑하시는 하나님, 그분은 언제나 나로 하여금 '얼마나 더 하신지!'(how much more!)를 경험하게 하신다. 우리가 진정 하나님 형상으로, 하나님 닮은 모습으로 창조되었다면 인간과 피조물에 대하여 말할 수 있는 온갖 진(眞)과 선(善)과 미(美)를 그대로 하나님께 대하여 말할 수 있는 것이다. 무한대로 증식(增殖)된 인간과 피조물의 아름다움, 그것이 하나님이다.

불안과 의심

나에게 이 놀라운 우주(universe)는 어쩌다 생긴 부조리한 무엇일 수 없고, 악에 그 뿌리를 내린 것도 아니다. 비록 그 아름다움을 향한 지적(知的) 도약과 기울어짐이 어디까지나 내 신앙과 신뢰의 작품임을 인정하지 않을 수 없지만. 사실 이것은 그동안 살아온 사람들의 99퍼센트가 상식으로 받아들이는 것이기도 하다. 나아가 모든 부모가 자식들한테 그러기를 바라듯이, 자유와 사랑의 하나님도 끊임없이 저 자신을 창조하는 물건을 창조하신다고 나는 믿는다. 하나님은 우리가 당신의 그 일에 협력하기를 원하시는 것 아닐까? 그분의 위대한 사업은 우리의 사업이기도 하다.

하지만 나는 그 일을 언제, 어디서, 누가, 어떻게 하는지에 대하여는 어느 정도 의심하지 않을 수 없다. 창조적인 의심(creative doubt)은 나로 하여금 언제 어디서나 '시작하는 마음'을 잃지 않게 해주거니와, 그것이야말로 계속 성장하게 하고 겸손하게 하며 행복한 경이(驚異) 속에서 살게 해주는 놀라운 방법이다. 하지만 대부분 신자들한테는 바로 이 '조용한 내면의 놓아버림'이 오히려 많은 의심과 불안을 안겨주는 것 같다. 그들은 은밀히 그리고 겸손하게 당신의 일을 하면서 그 일의 과정과 결과에 우리를 동참시키는 하나님보다, 요술지팡이를 손에 든 친절한 하나님(땜장이 하나님?)을 더 좋아하는 것 같다. 왜 그리스도인들이 '진화'를 '신앙'의 문제로 보려고 하는지 그 이유를 나는 이렇게밖에는 이해 못하겠다. **'큰 그림' 속에서 살기 위하여 우리가 치러야 할 유일한 값은 언제, 어디서, 누가, 어떻게 일하는지에 대한 의심과 불안을 속으로 품되 '일 자체'에 대하여는 조금도 의심하지 않는 것이다. 불행하게도 대부분 그리스도인들이 서로 반대되는 것을 끌어안고 창조적 긴장 속에서 사는 훈련을 제대로 받**

지 못하였다.

종교의 기본 믿음은 우주의 조화, 목적, 선행(善行), 방향에 찬동하는 것인데 그것은 우리가 앞에서 말한 집, 영혼, 영의 귀가하려는 욕구에서 저절로 발생된다. 어쩌면 이것이 알베르트 아인슈타인의 믿음이었으리라. 그는 말하기를, 자기가 통일장을 발견하기 전에 두 가지 생각이 있었는데, 존재하는 것은 그것이 무엇이든 간에 '단순함과 아름다움'을 보여준다는 것이었다고 했다. 나도 동의한다. 모든 종교가 이구동성으로 말하는 것은, **하나님이 한 분이고, 하나님이 선하시며, 그렇기 때문에 실재하는 모든 것이 그토록 단순하고, 그토록 아름답다는 것이다.** 유대인들은 그것을 신조로 만들어 가슴과 문지방에 새겨놓고(신명기 6:4~5) 항상 기억하려고 노력하였다.

나는 도마도, 마더 테레사도 가졌던 의심과 불안을 조금도 품지 않는 '참 신자'들이 실은 좀 걱정스럽다. 모든 것이 그토록 분명한 사람들은 햄릿의 '너무 많이 저항하는' 여왕처럼 너무 많은 노력을 기울인다. 삶의 옹근 신비를 움켜잡는 것은 언제나 죽음과 의심의 동일한 신비인 그 반대쪽 절반을 감내(堪耐)하는 것이다. 무엇을 완전하게 안다는 것은 그것의 여전히 신비스럽고 알 수 없는 부분을 받아들이는 것이다.

70년 세월을 살았는데도 여전히 나에게 나는 신비스러운 물건이다! 젊은 시절에는 모든 것이 분명해야 직성이 풀렸기에 의식적인 차원에 대한 불안과 걱정을 용납할 수 없었다. **왜 사람들이 전반부 인생을 사는 동안 그와 같은 관제탑 안에 머물러 있는 건지 그 이유**

를 알겠다. 모든 부분들을 포함하는 전체를 아직 충분히 경험 못했기 때문이다. 전반부 인생의 '순진함'에는 더 깊고 검정(檢定)된 행복이 당신 앞에 있음을 알 때까지 놓아버릴 수 없는 행복과 흥분이 포함되어 있다. 하지만 아직 전반부 인생인 당신은 그걸 모른다! 그래서 후반부 인생이 당신한테 그걸 말해주어야 하는 것이다. 원로들이 없는 사회는 사회적·정신적으로 소멸되고 만다.

첫 번째 순진함은, 때로 우리가 젊은 열심당원들한테서 그것을 보고 감탄하거니와, 매우 열정적이고 위태로운 순결이다. 그러나 그것은 우리가 그들을 지도자로 선출하거나 따를 수 없는 이유이기도 하다. 젊은 시절에는 만사에 의심을 지워버릴 필요가 있고 그렇게 하는 것이 훌륭한 생존 기술일 수 있다. 그러나 그런 세계관은 진실이 아니다. 지혜도 아니다. **지혜는 신비, 의심 그리고 '알 수 없는 것'과 더불어 행복하게 살아간다. 그리고 그런 삶 속에서 역설적이지만 바로 그 신비를 웬만큼 들여다볼 수 있는 것이다. 나는 왜, 어떻게, '모름'이 다른 종류의 '앎'으로 바뀌는 건지 그 이유와 과정을 아직은 잘 모르겠다. 하지만 그게 그럴 것이라는 사실만큼은 확연히 알겠다.**[2] 디오니시우스, 아우구스티누스, 보나벤투라 그리고 쿠사의 니콜라우스가 이구동성으로 말했듯이 마침내 **'무지를 배우려면'**(docta ignorantia) **많은 지식을 쌓아야 한다.**

사물을 이런 식으로 보지 않는 사람들이 나로 인해 좀 불편한 것은 미안하지만 사실이다. 그래도 나 자신이 여기까지 오는 데 오랜 세월이 걸렸으므로 좀 느긋하게 기다리는 법은 알고 있다. 이제는 강을 더 빨리 흐르도록 떠밀거나 내 것으로 소유하거나 모든 사람을 이 강으로 끌어들일 필요를 별반 느끼지 않는다. 그들과 그들의 선한 의지를 신뢰하기 위하여, 내가 몸담아 흐르고 있는 이 강물을 그들의 강물로 받아들이게 할 필요도 느끼지 않는다. **이 크고 좋은 장소에 이르기까지 당신은 당신의 좁은 강에서 여러 번 익사해야 한다.**

다른 사람들과 마찬가지로 내게도 많은 경험과 배움과 교사들이 있었다. 하지만 T.S. 엘리엇이 그의 '사중주'에서 다음과 같이 말한다.

우리는 경험을 했지만 그 의미를 놓쳤다.
그리고 경험의 의미에 대한 접근은,
우리가 행복에 결부시킬 수 있는 의미를 넘어,
다른 형태로 경험을 재생시킨다.[3]

엘리엇의 문장이 난해하긴 하지만 거듭 음미해 볼 필요가 있다. 후반부 인생에서 우리는 행복하게 살기 위하여 미국 헌법을 지켜야 한다거나 우리와 똑같은 경험을 해야 한다고 사람들에게 말하지 않는다. 오히려 삶의 단순한 의미가 이제 충분하고 그것 자체가 더 깊은 행복으로 바뀐다. 몸은 음식 없이 살 수 없다. 마찬가지로 영혼은 의미 없이 살 수 없다. 나치의 대학살에서 사람들을 절망과 자살로부터 지켜줄 수 있었던 것은 '삶의 의미'를 찾는 것이었다고 빅터 프랭클이 말한 것은 참으로 옳은 지적이었다. **인간은 의미를 창조하는 존재다. 우리 경험 속에서 깊은 의미를 발견하는 것은 '영성'을 지칭**

하는 다른 이름일 뿐 아니라 인생의 행복 바로 그 자체이기도 하다.

이 패러독스를 내포한 새로운 통일장이 차츰 후반부 인생의 특성을 만들어간다. 그것은 온갖 복잡함에서 배울 것을 모두 배운 뒤에 다시 단순함으로 돌아가는 것처럼 보인다. 마침내 슬픔과 부조리를 비롯해 온갖 '쓸데없는 것들'이 모두 함께 그 속에 들어 있음이 눈에 보일 만큼 충분히 오래 산 것이다.[4]

후반부 인생에서 우리는 아픈 부분들과 틀에서 배척당한 부분들, 특히 한 번도 기회를 얻지 못한 낙오자들 모두가 통일장에 들어올 수 있도록 하는 데 우리의 에너지를 쓸 수 있다. 완전치 못하고 추락하는 자기를 용서할 때 비로소 당신은 다른 사람한테도 그럴 수 있다. 자기 자신한테 그러지 못한다면 당신의 슬픔, 부조리, 심판, 무용(無用)을 남들한테 떠넘기려 할 것이다. 이것이 나이만 믹고 침된 원로가 되지 못한 늙은이들이 걷는 딱한 길이다. 그들이 그리 된 까닭은 아마도 자기 자신을 원로로 대접하여 존중할 줄 몰랐기 때문이리라.

그런 사람들은 전반부 인생의 명료함과 즐거움을 충분히 맛보지 못했을 것이고, 전반에서 후반으로 넘어가는 사이의 복잡함을 아마도 기피했을 것이다. 그래서 결국 두 번째 단순함의 큰 자유와 관대함을 놓치고 만 것이다. 우리는 인생의 모든 단계들을 밟아볼 필요가 있다. 그리고 몇 가지 이상하고 놀라운 이유로 그 모든 것이 인생 말년에 이르면서 갈수록 단순해진다.

실제로 이 책이 당신을 위하여 당신의 삶을 더욱 단순하게 해주지 않는다면 내가 뭘 잘못한 것이든지 아니면 당신이 잘못 읽은 것이다. 사람이 두 번째 단순함으로 돌아가기 위하여 '필요한 복잡함'('필요한 고통'의 다른 이름)을 통과해야 한다는 사실이야말로 큰 아이러니다. 첫 번째 순진함에서 두 번째 순진함으로 가는 무정차 직통 노선은 없다.

후반부 인생에게는 우주가 추는 총체적 춤의 한 부분이 되는 것만으로 충분히 좋다. 춤마당에서 누구보다 돋보이거나 더 잘 추는 모습을 보이려고 애쓰지 않아도 된다. 이제 그의 인생의 의미는 자기를 돋보이는 데 있지 않고 함께 참여하는 데 있다.

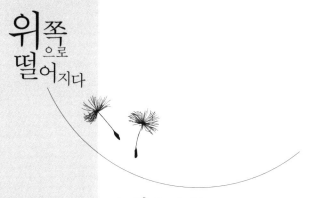

위쪽으로 떨어지다

10. 밝은 슬픔

A Bright Sadness

10
밝은 슬픔
A Bright Sadness

◆

밝음과 성령에 의하여 나는 죽는다.

토머스 머튼

후반부 인생에도 엄숙함이 있다. 그러나 그 엄숙함을 더 깊은 가벼움 또는 괜찮음이 지탱시켜 준다. 우리의 성숙한 삶은 일종의 '밝은 슬픔' 또는 '술 취하지 않은 행복'에서 그 특징을 찾아볼 수 있다. 그동안 내가 만나본 놀라운 노인들을 묘사하려면 이렇게 서로 어울리지 않는 단어들을 조합할 수밖에 없다. 당신도 그런 사람들을 만나보면 알 것이고 나름대로 말을 만들어 쓰게 될 것이다. 후반부 인생에도 여전히 어둠이 있다. 어쩌면 더 많을 것이다. 하지만 이제는 걱정근심 덜 하면서 그것을 창조적으로 속에 품을 수 있을 만큼 달라졌다.

십자가의 요한이 '빛나는 어둠'(luminous darkness)이라고 부른 그것이,

어떻게 성인들 가슴속에 깊은 고통과 격한 기쁨이 함께 살아있는지를 설명해 주고 있다. 대부분 사람들은 상상조차 할 수 없는 일이다. 동방 정교회는 진정한 종교 예술작품 속에는 밝은 슬픔이 담겨 있을 것이라고 믿었다. 나도 그 믿음에 동의하여, 예술 작품뿐 아니라 인생도 그렇다는 말을 하고 싶다.

후반부 인생으로 들어서면서 당신은 차츰 나쁜 감정과 두려움을 없애거나 옛날의 가혹한 심판을 되풀이하거나 지난날의 상처를 부여잡고 다른 누구를 벌주는 따위의 일에 흥미가 없어지고 그럴 필요를 느끼지도 않게 된다. 모든 부문에서 당신의 우월감이 사라진다. 당신은 아무것과도 더 이상 싸우지 않는다. 그것들 스스로 에고가 바탕에 깔려 있는 쓸데없는 짓이고, 비생산적이고, 전적으로 그릇된 짓임을 아주 여러 번 목격하였다. 이제 당신은 세상의 악하고 어리석은 것들을 상대하여 싸우기보다 적극적으로 그것들을 무시하고 거기에서 손 떼는 법을 알고 있다.

직접 도발을 당하거나 상황이 어쩔 수 없는 경우에만 당신은 마지못해 싸운다. 우리는 오랫동안 맞서 싸운 상대방의 일그러진 모습이 그대로 우리한테서 거울처럼 비쳐지는 것을 보았다. 우리가 지금 반대하는 것이 얼마 뒤에는 우리의 모습을 결정짓는 에너지와 틀이 된다. 그러면서 우리는 내면의 자유를 잃어버린다.

후반부 인생으로 들어서면서 당신은 많은 저항을 스스로 느끼고 속도 또한 매우 느리겠지만, 당신이 맞서 싸우는 악이 당신 안에서 다른 모습의 악을 만들고, 과장된 자기 모습을 뽐내게 하고, 당신이 공격한

것들로부터 증폭된 반격을 받게 된다는 진실을 깨치게 된다. 내가 보기에는 이것이 우리가 마지막으로 배워야 할 교훈들 가운데 하나인 것 같다. 『카라마조프 형제들』의 냉정한 대심문관, 『장미의 이름』에서 모든 유머를 없애려는 수도승, 또는 플로리다에서 코란을 불태우는 성난 군중을 생각해 보라. '누구보다 성결한 사람'이 '누구보다도 성결치 못한 사람'으로 인생을 마감하는 것은 흔하게 보이는 일이다.

이쪽 끝의 보수주의와 저쪽 끝의 진보주의를 향한 자동적인 반응보다는 더 많은 기도와 분별이 우리의 일상생활에서 요구된다. 당신한테는 반응하는 방식들이 여러 가지 있을 수 있고 그것들은, 흔히 보이게 되는 자동적인 반응과는 달리, 미리 예측할 수 있는 것들이 아니다. 물론 법은 여전히 필요하다. 그러나 그것이 당신의 길을 안내하는 별은 아닌 것이다. 그동안 법이 그릇되고 잔인한 결과를 빚은 것은 오히려 다반사였다.

이제 당신은 모세의 '십계'보다 예수의 '팔복'에서 더 많은 말을 듣는다. 나는 왜 사람들이 법원 뜰에 팔복이 새겨진 비석을 세워놓지 않는지 늘 궁금했다. 하지만 생각해 보니 예수의 팔복은 누군가를 죽여야 하는 전쟁 마당, 남성적 세계관, 소비 위주 경제 체제 어느 것에도 좋은 물건이 아니겠다. 전반부 인생에게 법원은 괜찮은 곳이고 필요한 것이다. 후반부 인생에서 당신은 세상에 좋은 영향을 미치려 애쓰고 변화를 위해서 일하고 조용히 설득하며 먼저 자기 태도를 바꾸고 기도하고 누구를 법정으로 데려가는 대신 그를 용서한다.

바야흐로 당신의 삶은 훨씬 더 여유로워졌고 새로운 경험과 관계들이 첨부되면서 당신의 컨테이너는 더 커졌다. 당신은 신축성 있는 여행용 가방처럼 되었는데, 자기도 모르게 그리 되었다. 이제 당신은 그냥 '여기'에 있거니와 그 '여기'에 모든 것이 충만하여 차고 넘친다. 하지만 그 '여기 있음'에는 권위, 영향력, 무게가 스스로 있다. 사람들이 모여 이야기를 나누는 방 한 구석에 앉아 있는 원로들을 상상해 보라. 그냥 거기 앉아 있는 것만으로 대화의 분위기와 깊이와 중심을 잡고 있는데, 오히려 참석자들은 그것을 눈치 채지 못한다. 이윽고 원로들이 입을 열면 겨우 몇 마디에 요점이 모두 들어 있다. 진정한 원로들에게는 많은 말이 필요치 않다. 나는 말이 너무 많았던 과거가 부끄럽고 송구하다. **두 번째 단순함에는 나름의 명료함과 밝음이 있다. 하지만 그것들은 대개 말 없는 말로, 그것도 꼭 필요할 경우에만 표출된다.** 당신이 만일 말이 너무 많거나 목소리가 크다면, 아마 당신은 원로가 아닐 것이다.

이 단계에서 우리가 무얼 안다면, 그것은 이 안에 우리 모두가 함께 있다는 사실 그리고 우리 모두 옷만 벗으면 똑같은 벌거숭이라는 사실이다. 그게 뭐 대단한 깨달음이냐 싶겠지만, 이 초라해 보이는 진실이 우리에게 이상하고 아늑한 위안을 준다. **젊었을 때 당신은 남들과 다른 점에서 당신의 정체성을 찾았지만 지금은 모든 사람이 함께 나누어 가지는 것에서 당신의 정체를 본다. 닮은꼴에서 행복을 찾고 그것이 갈수록 당신에게 분명해진다. 더 이상 사람들 사이의 차이에 근거하여 문제를 일으키고 그것을 키울 필요가 없다. 드라마를 만드는 일 자체가 따분해진 것이다.**

후반부 인생에게는 우주가 추는 총체적 춤의 한 부분이 되는 것만으로 충분히 좋다. 춤마당에서 누구보다 돋보이거나 더 잘 추는 모습을 보이려고 애쓰지 않아도 된다. 이제 그의 인생의 의미는 자기를 돋보이는 데 있지 않고 함께 참여하는 데 있다. 자기를 강하게 주장할 필요가 없다. 하나님께서 우리가 기대한 것보다 훨씬 더 잘 모든 일을 경영하고 계신다. 지금 여기 안에서 밝음이 솟아난다. 그 밝음 하나에 모든 것이 충만하여 차고 넘친다. 춤은 나름대로 진지하게 추지만 그것을 밝게 빛내주는 무아(無我)의 자유가 함께 춤춘다. 1940년대의 부드러운 피아노곡에 맞추어 늙은 두 연인이 상대방 팔에 몸을 맡기고 누가 보거나 말거나 상관없이 조용하게 춤추는 장면을 그려보라. 말 그대로, 춤이 저 혼자서 춤을 추는 것이다.

이 단계에서 나는 더 이상 나와 내가 속한 집단이 최고임을, 우리 인종의 우월함을, 내가 믿는 종교만이 하나님께서 사랑하는 종교임을, 사회에서 차지하는 내 위치와 역할이 특별하게 대접받을 만한 것임을 입증하지 않아도 된다. 더 많은 선행과 봉사를 쌓는 일에 전념하지 않아도 된다. 아주 단순하게, 내 욕망과 노력은 날마다 돌려주는 데 있다. 그동안 받은 큰 은혜를 세상에 돌려주는 것이다. 나는 내가 우주로부터, 사회로부터 그리고 하나님께로부터 참 많은 것을 받으며 살아왔음을 안다. 엘리자벳 세턴의 말대로, 이제 나는 "다른 사람들이 단순하게 살 수 있도록 단순하게 살 따름"이다.

에릭 에릭슨은 이 단계에 있는 사람을 가리켜 '생식(生殖)하는'(generative) 인간이라고 부른다. 그들은 미래 세대를 위하여 자신의 풍요로움에서 생명을 생산할 수 있고, 그 일에 열심을 낸다. **훌륭한 컨테이너를 만들어놓았기에 더 많은 진실, 더 많은 이웃, 더 넓은 비전, 더 깊은 하나님의 신비를 그 안에 담을 수 있다.**

그들의 하나님은 더 이상 잘못한 자에게 벌을 내리고 어느 한 민족을 선택하여 편애하는 속 좁은 하나님이 아니다. 한때 뗏목을 예배한 적이 있지만 지금은 그 뗏목을 타고 가서 닿은 기슭을 사랑한다. 한때 이정표들을 옹호했지만 바야흐로 그것들이 가리키던 곳에 도달하였다. 누구 손가락이 가장 정확하게 신속하게 명료하게 달을 가리키느냐를 두고 다투는 대신 이제 그들은 달 자체를 즐긴다. 무한히 넓은 공간에 대한 감각이 갈수록 민감해지면서 더 이상 그것을 '저기, 바깥'에서 찾지 않고 '여기, 안'에서 찾는다. 안과 밖이 하나로 되었다.

"당신은 안에 계셨고 저는 밖에 있었습니다. 당신은 저와 함께 계셨고 저는 당신과 함께 있지 않았습니다. 그리하여 당신은 부르셨고 당신은 소리치셨고 당신은 저의 먹은 귀를 뚫으셨고 당신은 불빛으로 신호하셨고 불타오르셨고 저의 맹목(盲目)을 추방하셨고 당신 향기를 아낌없이 내어뿜으셨고 그리고 저는 헐떡이다가 숨이 막혔습니다." [1]

성 아우구스티누스가 이렇게 그의 '고백'에서 술회하였듯이, 하나님이 그것을 허락하셨고 그것을 활용하셨고 그것을 받아들이셨고 그것을 정제(精製)하셨기 때문에 이제 당신은 당신의 '내적 경험'을 신뢰할 수 있게 되었다. 이윽고 밝은 슬픔 안에서 쉼을 얻을 때까지 당신은 여러 번 헐떡이다가 숨이 막혔을 것이다. 당신이 슬픈 까닭은 더 큰 세상의 아픔을 몸에 졌기 때문이고, 지금 당신이 즐기는 것을 모든 사람이 즐기기를 바라기 때문이다. 지금 당신이 밝은 것은 창세기에서 언급되었듯이, 인생 자체가 여전히 '매우 좋은' 것이기 때문이다. 토머스 머튼도 내가 좋아하는 그의 책 『묵상의 새로운 씨앗』에서 이 점을 탁월하게 서술하고 있다.

> "그것은 [이제] 큰 문제가 되지 않는다. 우리의 어떤 절망도 사물의 실체를 변경하거나 항상 거기에 있는 우주의 춤에서 오는 기쁨을 식힐 수 없기 때문이다.… 우리는 고의(故意)로 자기 자신을 잊고, 체면 따윈 바람에 날려 보내고, 총체적인 우주의 춤판에 들어오라는 초대를 받았다."[2]

후반부 인생에서 우리는 모든 일, 모든 사건에 대하여 강하고 최종적인 견해를 피력하지 않는다. 사람과 사건들이 우리를 기쁘게 하면 기뻐하고 슬프게 하면 슬퍼한다. 스스로 행복하기 위하여 다른 누구를 변화시키거나 조정할 필요를 더 이상 느끼지 않는다. 역설적이게도 우리는 이전보다 더 많이 사람들을 변화시킬 위치에 있지만 군이 그럴 필요를 느끼지 않고, 그것이 모든 것을 달리 만든다. 우리는 행위(doing)에서 존재(being)로, 유기적으로 조용하게 그리고 삼투 작용에 의하여 이루어지는 전혀 다른 종류의 행위로 자리를 옮겼다. 자기에게 주어지는 일을 하는데 결과에 관심을 두지 않는다. 젊었을 때는 좀처럼 할 수 없던 그런 일이다.

이것이 면류관을 쓴 인간의 삶이다. 다른 모든 것들은 이 인간 예술 작품을 창조하기 위한 준비 작업이었고 전주(前奏)였다. 이제 그는 그냥 존재하는 것만으로 다른 사람들을 돕고 그들에게 영향을 미친다. 다른 무엇보다도 인품의 고결함이 사람들에게 영향을 끼치고 그들을 가능성에서 행동으로 옮겨가게 한다. 그런데 여전히 자기 에고로 가득 차서 만사에 제 견해를 고집하는 노인들을 볼 때마다 나는 슬프다. 어쨌거나 그들은 사회에서 자기들을 필요로 하는 자리에 있지 못한 것이다. 우리에게 필요한 것은 그들의 목청껏 내세우는 원리원칙이 아니라 많은 경험과 오랜 공부에서 나오는 심오한 경륜이다. 그들의 분노가 아니라 평화가 우리에게 필요하다는 얘기다.

그렇다. 후반부 인생은 분명 당신이 져야 할 짐이지만, 그것 말고는 당신 영혼이 요구하고 심지어 즐기기까지 할 깊은 만족을 안겨줄 다른 길이 없다. 이 새롭고 더 깊은 열정은 사람들이 "나는 이 일을 꼭 해야 한다. 아니면 내 인생은 아무것도 아니다", 또는 "달리 선택의 여지가 없다"고 말할 때 그 말에 담겨 있는 의미다. 전에는 당신의 삶과 당신의 일이 서로 다른 둘로 보였지만 이제는 당신의 삶과 당신의 투사 수단(delivery system)이 하나로 되었다. 당신의 관심은 더 이상 당신이 사랑하는 것을 가지는 데 있지 않고, 당신에게 있는 것을 지금 당장 사랑하는 데 있다. 이는 전반부 인생으로부터의 획기적 전환이면서 당신이 과연

후반부 인생에 들어섰는지를 알아보는 리트머스 시험지다.

모든 규범이 달라졌다. 우리는 자연스럽게 사물을 놓아버리는 노인들한테서 그것을 본다. 자기의 소유, 재물, 인생 경험 따위로 남들에게 영향을 주거나 그것들을 더 많이 챙기고 쌓고 수집하는 일에 갈수록 흥미가 사라진다. 내면의 밝음, 슬픔과 기쁨을 조용히 안고 살아가는 일상생활, 그것이 그들에게 주어진 보상이며 만족이고 그들이 세상에 주는 가장 좋고 진실한 선물이다. 그런 원로들이 세계의 '큰' 어버이들이다. 어린아이들과 다른 어른들이 그들에게서 안정과 사랑을 느끼고, 그들 또한 자기네가 아이들과 십대와 중년에 필요한 존재임을 느낀다. **그들이 거기 있다! 자기 인생의 자연스러운 흐름을 타고 거기 있는 것이다.**

신기하게도 인생의 온갖 문제, 딜레마, 어려움들이 부정적인 공격, 비판, 힘, 법에 의하여 해소되는 게 아니라 '더 큰 밝음' 속으로 떨어진다. 홉킨스는 그것을 '사물을 깊이 가라앉히는 가장 소중한 신선함'이라 부른다. 바로 이것이 우리가 기다려온 '위쪽으로 떨어지기'다! 내가 몸담고 있는 '행동과 묵상을 위한 센터'는 이렇게 말한다. **"더 좋은 것을 실천하는 것이 나쁜 것에 대한 최선의 비판이다."** 나는 이것을 내 아버지 성 프란체스코에게서 배웠다. 그분은 악이나 다른 사람을 공격하고 비판하는 데 마음을 쓰지 않았다. 그냥 '떨어짐'에, 선하고 진실하고 아름다운 것 안으로 떨어지고 또 떨어지는 데 당신 생애를 모두 바쳤다. 그것이 그분이 알고 있는 하나님 안으로 떨어지는 유일한 길이었다.

그와 같은 내면의 밝음이 다른 어떤 전쟁, 분노, 폭력, 이데올로기보

다 훨씬 더 잘, 그리고 지속적으로 악에 대처하는 방편이 된다. 당신이 해야 할 일은 그렇게 빛나는 사람을 만나는 것이 전부다. 그러면 그 사람이야말로 하나님의 기뻐하시는 바요 인간됨의 궁극 목표임을 알게 될 것이다. 당신이 바로 그 빛나는 사람이 되기를, 그리고 이 책이 당신으로 하여금 그것을 보고 받아들이고 신뢰할 수 있도록 도와줄 수 있기를 나는 희망한다. 그렇지 않으면 이 책 또한 몸으로 된 말씀이 아니라 그냥 시끄럽고 잡다한 언어들의 축적에 지나지 않을 것이다. 사람의 말은, 그것이 몸으로 되지 않는 한 밝게 빛날 수 없는 물건이다.

당신이 '빛'으로 가까이 갈수록 그만큼 당신의 그늘은 짙어질 것이다. 어쩔 수 없다. 그래서 참으로 거룩한 사람들은 언제 어디서나 겸손한 사람들이다. '그늘'을 '죄'와 혼동하지만 않으면 그리스도인들은 세상을 훨씬 더 잘 섬길 수 있을 것이다. 죄와 그늘은 같은 것이 아니다. 우리가 죄를 피하려고 노력하는 건 좋은데, 그래서 자신의 그늘을 직면하려 하지 않는 것이 문제다. 그 결과 자기도 모르게 더 많은 죄를 짓는 것이다.

위쪽^{으로}
떨어^{지다}

11. 그늘진 땅

The Shadow-lands

11

그늘진 땅

The Shadow-lands

◆

그 빛이 어둠 속에서 비추고 있거니와 어둠이 빛을 이겨본 적이 없다.

요한복음 1:5

누가 그대를 고소해서 법정으로 가게 되거든 도중에 서둘러 그와 화해하시오. 그러지 않으면 고소하는 자가 그대를 판사에게 넘기고 판사는 그대를 간수에게 넘겨 감옥에 가둘 터인즉, 그대가 동전 한 닢까지 모두 갚기 전에는 결코 거기에서 나오지 못할 것이오.

마태복음 5:25~26

그와 같은 '밝음'의 기쁨이 있음에도 불구하고 우리는 그곳에 이르기까지의 패러독스 같은 여정에 대하여 이야기를 좀 더 해야 한다. 후반부 인생에 접어들면서 당신은 별로 반갑지 않은 당신의 그늘진 자아(shadow self)를 정규적으로 만나게 될 터인데 그것이 당신의 그다지 밝지 않은 '페르소나'(persona, 그리스의 연극배우들이 무대에서 쓰는 탈), 전반부 인생에서 그토록 부지런히 세워놓았던 당신의 페르소나로부터 차츰 당신을 떨어지게 해준다. 당신이 무대에서 쓰는 탈은 나쁜 것도, 악한 것도, 반드시 자기중심적인 것도 아니다. 다만 '진짜'가 아닐 뿐이다. 그것은 당신 마음에 의하여 무의식적으로 만들어지고 유지되는 물건이다. 하지만 그것은 죽을 수 있고 죽을 것이다. 모든 픽션이 언제고 죽게 돼 있다.

　페르소나와 그늘은 서로 상관이 있는 용어다. 당신의 그늘은 당신이 보고 싶지 않고 남들에게 보여주고 싶지도 않은 당신의 모습이다. 몇 가지 선택된 페르소나를 배양하고 옹호할수록 그만큼 많이 당신은 그늘진 일을 해야 한다. 그러니 목사, 어머니, 의사, 교수, 신자 또는 사장 같은 근사한 역할이나 자아상(像)을 특히 경계할 일이다. 그것들은 그에 맞추어 살아야 하는 거창한 페르소나들로서, 많은 사람을 한평생 착각에 사로잡혀서 살게 한다. 스스로 만든 자아상을 자기도 모르게 옹호하고 그것에 집착하면 할수록 그만큼 당신은 그늘진 자아로 많이 살게 될 것이다. 거꾸로 당신의 그늘진 자아로 살면 사는 그만큼 당신 스스로 옹호하고 투사하는 페르소나를 알아보는 능력이 줄어들 것이다. 그것은 당신의 가장 선하고 가장 깊은 자아를 보지 못하고 살지 못하게 하는 이중의 맹목과 같다. 그것을 예수는 이렇게 말씀하신다. "그대들 눈에 밝은 빛으로 보이는 그것이 사실

은 어둠이라면 그 어둠이 얼마나 깊은 어둠이겠소?"(마태복음 6:23)

몇 년 동안 나는 착실하게 겸손한 하루를 살게 해달라고, 그리고 그에 대한 나의 반응을 보아야겠다고 기도했다. 나로서는 잘 감추어 놓은 나의 그늘진 자아와 이상적인 나의 페르소나를 함께 알아볼 다른 방법이 없었다. 실제로 나에게 성직자 스캔들이 그리 많지 않다는 사실에 조금 놀랐다. '영적 지도자'라든가 '직업 종교인'이라는 것들이 그만큼 위험하고 자기를 부풀리기 쉬운 자아상이기 때문이다. **성직자들이나 열심 있는 신자들이 무언가를 극렬하게 반대할 경우, 잘 보면 그들 가까이 어디쯤에 숨겨놓은 그늘이 분명 있게 마련이다.**

당신의 페르소나는 많은 사람이 당신한테서 기대하고 바라는 것이고, 몇 가지 이유로 당신은 그것과 당신을 동일시하기로 선택하였다. 내면으로 깊이 들어가는 과정에서 당신은, 당신의 자아상이 그런 것에 지나지 않고 따라서 옹호하고 키우고 또는 일삼아 부인할 가치가 없는 것임을 깨닫게 된다. 앞에 인용한 예수의 말씀에서처럼, 당신을 고소하는 자들과 화해할 수 있을 때 비로소 당신의 그늘이 어느 정도 보이기 시작한다. 그러지 않으면 당신한테 절실히 필요한 지혜를 잃어버리고 자기 자신의 감옥에 갇힌 채 임종하든지 아니면 누군가에 의하여 법정으로 끌려가서 뒤틀린 인생을 바로잡고 망가진 인간관계들을 회복하기 위하여 마지막 한 푼까지 모두 갚아야 한다. 섹스 스캔들을 일으키거나 뇌물을 받았다가 대중의 돌팔매질을 당하는 정치가들과 성직자들을 생각해 보라.

'너를 법정에 세우는 고소인'이 나에게는, 자기 안에서 자기를 법정에 세우는 '스스로 만든 이야기'로 보인다. 비난과 분노로 자기와 남들에게 상처를 입히는 완벽하고 정당한 시나리오를 우리는 10초 이내에 작성할 수 있다. 예수는 말씀하신다, 그리로 가지 말라고! 아니면 재판관과 형리가 너를 넘겨받아 자기네 방식으로 처단할 것이라고. 불교 승려이자 작가인 페마 최드렌은 일단 스스로 근사한 시나리오가 만들어지면 당신의 감정이 네 배로 그 함정에 빠져들 것이라고 말한다. 그 말이 옳다. 그런데도 나는 날마다 그러고 있다. 그리하여 나의 고약한 재판관, 검사, 배심원들이 10초 이내에 유죄판결을 내려버린다.

당신의 자아상은 실질적인 것도, 영구적인 것도 아니다. 당신 자신의 마음, 욕망, 선택 그리고 다른 사람들이 당신에게 기대하고 요구하는 것들이 임시로 만들어낸 픽션에 지나지 않는다. 그것이 플라톤의 비현실적 관념들 위에서 이리저리 떠돌고 있다. 결코 객관적인 것이 아니고 전혀 주관적인 것이다.(그것이 현실에서 아무 영향도 미치지 않는다는 말이 아니다.) **후반부 인생의 지혜로 옮겨가려면 그늘진 일을 많이 해야 하고, 건강한 자기 비판적 사고를 거쳐야 한다. 그것이 당신으로 하여금 당신의 그늘과 겉으로 나타난 당신의 모습을 넘어, 바울이 말하는 "그리스도와 함께 하나님 안에 있어서 보이지 않는"**(골로새서 3:3) **참 생명인 당신을 볼 수 있게 해준다.** 선사(禪師)들은 그것을 가리켜, '네가 태어나기 전의 네 얼굴'이라고 말한다. 이 자아(self)가 바로 죽을 수 없고 그래서 영원히 살아있는 당신의 참 자아(True Self)다.

예수께서 말씀하셨다. "겉을 꾸밀 줄만 아는 사람들! 먼저 당신들 눈에 있는 들보부터 빼내시오. 그래야 눈이 잘 보여 형제 눈에서 티를 빼내줄 수 있을 것 아니오?"(마태복음 7:5) 또 이렇게도 말씀하셨다. "그대 눈이 그대 몸의 등불이오. 눈이 성하면 온몸이 빛으로 충만할 것이고 눈이 병들었으면 온몸이 어둠으로 충만할 것이오."(누가복음 11:34) **영적 성숙이란 결국 눈이 밝아지는 것이다. 눈이 완전 밝아지려면 생애의 마지막 몇 년, 몇 달, 몇 주, 며칠 동안의 커다란 도약**(이점은 호스피스 봉사자들이 잘 안다)**을 포함하여 한평생이 걸린다. 스스로 자기 내면을 성찰해 온 사람들은 생애의 마지막 몇 년 사이에 괄목할 만큼 눈이 밝아지는 것 같다. 반면, 자신의 그늘진 과거와 부끄러운 발자취를 부인하고 외면하는 사람들은 끝내 자기를 가두어놓은 채 임종을 맞는다. 수백만 인명을 살상하고도 자기의 행실을 부인하면서 최후의 순간까지 군자연한 자아상을 고집한 나치 전범들을 보라. 당신은 이 두 가지 유형의 인간을 잘 알고 있을 것이다.**

그늘진 일은 수치스럽지만 마땅히 겪어야 하는 일이기도 하다. 부끄러운 당신의 모습을 인정하여 받아들이고 당신의 삶 속으로 끊임없이 들어오는 재판관들, 검사들, 형리들(당신의 허물을 밝히고 인정하라고 다그치는)**과 '화해'하지 않는 한, 당신은 언제까지나 전반부 인생에 머물러 있을 것이다. 진솔하고 담대한 '그림자 복싱'**(shadowboxing, 자신의 그늘진 모습을 상대로 한 씨름)**을 하지 않고서는 인생 후반부로 넘어갈 길이 없다. 이 일이 당신 삶의 마지막 순간까지 계속되리라고 말하지 않을 수 없어서 미안하다. 전반부 인생과의 유일한 차이는 당신**

이 더 이상 자기의 깜짝 놀랄 짓에 깜짝 놀라지 않고 자기의 부끄러운 짓을 솔직하게 부끄러워한다는 점이다! 이제 당신은 당신에게서 여러 형태의 속임수, 허영, 착각 또는 냉담을 예상할 수 있다. 하지만 그것들을 꿰뚫어볼 수 있게 되었고, 그래서 그것들의 작용과 힘을 무찌를 수 있게 되었다.

오디세우스는 똑같이 형편없는 판단을 되풀이하였고 그때마다 본인과 일행이 많은 고생을 피할 수 없었다. 그래도 그는 자신의 그늘진 행실에서 뭔가를 늘 배우는 사람이었다. 이 패턴을 어떤 사람은 '황금 그늘의 발견'이라고 부른다. 그것이 영혼에 많은 깨우침을 가져다주기 때문이다. 영웅 이야기의 일반적인 얼개는 주인공들이 자기 그늘로부터 많이 배우고 성숙하는 것으로 되어 있다. 비열한 악당들은 절대 그러지 않는다. 많은 사람이 오래 기억하는 소설이나 영화들은 거의 예외 없이 자신의 그늘진 행적을 통하여 성장하는 주인공 모습을 보여주고 있다. 그것들이 우리에게 감동을 주는 이유는 같은 경험을 해보라고 우리를 부르고 있기 때문이다.

자기 페르소나와 자기를 강하게 동일시하는 젊은 시절에는 자기 페르소나에 협조하지 않는 모든 것을 부정하여 그것을 없애거나 추방하는 데 망설임이 없다. 물론 우리의 페르소나도, 우리의 그늘도 그 자체로는 악한 것이 아니다. 다만 우리로 하여금 악을 행하게 하면서 제가 그러는 줄 모를 뿐이다. 우리의 그늘진 자아는 우리를 어떤 면에서 위선자로 만든다. '위선자'라는 단어 자체가 그리스어로 실체가 아니라 어떤 역할을 맡아서 하는 '배우'를 뜻하는 것임을 기억해 두자. 우리 모두 이런저런 밀실이고, 사회는 각자 맡겨진 역할을 잘하라고 우리를 부추긴다. 실은 모든 사람이 당신의 그늘을 볼 수 있고 보고 있다. 그러니 당신만 빼고 모두가 알고 있는 당신의 그늘에서 무엇을 배우는 것이 얼마나 중요한 일인가!

성자는 옹호하거나 남에게 주장할 자기의 '나'(I)가 없는 사람이다. 그의 '나'는 하나님의 '나인 나'와 의식(consciousness) 안에서 하나 되어 있고, 그로써 이미 충분하다. 신과의 합일이 모든 자기 증오와 자기 포기를 처음부터 할 필요 없는 것으로 만든다. 그런 사람은 완벽하게 옳아야 할 이유가 없고, 자기가 그럴 수 없음도 잘 알고 있다. 그래서 그들은 다만 '바른 관계'를 맺고자 노력할 따름이다. 달리 말하면 무엇보다도 '사랑' 자체가 되려고 한다는 얘기다. 사랑이 그들을 언제나 안전하게 꽉 잡아준다. 그런 사람들에게도 적은 있다. 그리고 포고(Pogo)가 말했듯이 가장 큰 적이 자기 자신임을 잘 안다. 그러나 그들은 자기의 '나'를 미워하지 않는다. 다만 자기의 '나'를 관통하여 그 너머를 본다. **그늘진 행실은 문자 그대로 "당신을 당신에게서(당신의 거짓 자아로부터)" 구원한다. 이것이 처음부터 '구원'이라는 말의 바탕에 깔린 의미다.**

당신이 '빛'으로 가까이 갈수록 그만큼 당신의 그늘은 짙어질 것이다. 어쩔 수 없다. 그래서 참으로 거룩한 사람들은 언제 어디서나 겸손한 사람들이다. '그늘'을 '죄'와 혼동하지만 않으면 그리스도인들은 세상을 훨씬 더 잘 섬길 수 있을 것이다. 죄와 그늘은 같은 것이 아니다. 우리가 죄를 피하려고 노력하는 건 좋은데, 그래서 자신의 그

늘을 직면하려 하지 않는 것이 문제다. 그 결과 자기도 모르게 더 많은 죄를 짓는 것이다. 바울이 말했듯이 사탄은 빛의 탈을 쓰고 나타난다.(고린도후서 11:14) 페르소나는 제 안에 있는 악을 보려 하지 않는다. 그래서 항상 저를 선으로 위장한다. 그늘진 자아는 저 자신을 신중, 상식, 정의로 나타내고, 아니면 "너 잘되라고 내가 이런다"고 말한다. 그러면서 실제로는 두려워하고 통제하고 조작하고 심지어 보복한다. 당신은 '루시퍼'라는 이름의 문자적 의미가 '빛 운반자'라는 사실을 아시는가? 악마는 언제나 어둠을 빛처럼 만들고 빛을 어둠처럼 만든다.

누군가 당신을 화나게 할 때 그 순간 격분하여 강한 반응을 보인다면 당신의 그늘진 자아가 제 모습을 나타낸 것이다. 그럴 경우 자신의 과잉행동을 눈여겨 지켜보라. 그러면서 동시에 성 베드로의 수탉이 방금 울었다는 사실을 알아차려라! 성숙한 사람 또는 성자가 그토록 평화롭고 자기와 남들을 너그러이 받아들이는 것은 속에 감춰둔 그늘진 자아가 많지 않기 때문이다.(하지만 그늘진 자아는 절대로 소멸되지 않는다. 이 점에는 예외가 없다. 따라서 그늘진 행실도 결코 끝나지 않는다!) 그들은 자기의 삶에 깨어 있고 그것을 바꿔나가는 데 많은 에너지를 써야 하기 때문에 밖으로 테러리스트, 무슬림, 사회주의자, 진보주의자, 보수주의자 등을 향해서 두려움이나 분노를 표출할 시간이 따로 없다.

당신의 그늘이 계속 자기를 나타내 보이는 동안(그늘이란, 물리적으로도 어둠과 빛이 섞여서 만들어내는 것이다), 당신은 어떤 사람이나 사건을, 특히 당신 자신을 이상화하거나 우상화하는 일에 흥미를 잃는다. 당신은 더 이상 남들에게 '당신 안에 있는 황금'을 넘겨주지 않는다. 당신은 그것을 스스로 간직하고 다른 사람들도 자기의 그것을 스스로 간직하게 해준다. 당신이 다른 사람들을 사랑하지 않는다는 얘기가 아니다. 오히려 비로소 사랑하게 되었다는 얘기다. 자기를 미워하거나 의심한다는 뜻도 아니다. 정확하게 그 반대다. 마침내 당신의 황금과 당신의 약점을 둘 다 당신 것으로 받아들여 그것들이 더 이상 서로를 퇴출시키지 않게 되었기 때문이다. 이제 당신은 같은 일을 다른 사람들에게도 하게 되었고, 더 이상 어떤 사람의 한두 가지 결점 때문에 더 큰 인간관계를 깨뜨리지 않게 되었다. 여기서 당신은 비(非)이원론적인 사고가 얼마나 중요한지를 이해하게 된다.

'그림자 복싱'이 주는 선물은 자신의 그늘과 그것의 게임을 보게 해주는 것이다. 그것을 보기만 해도 감추어져 있는 그늘의 힘이 훨씬 약해진다. 아빌라의 테레사가 "참된 자기 앎의 맨션이 첫 번째 필요한 맨션"이라고 말한 것은 당연한 일이다. 일단 당신이 숨겨두거나 부인해 온 그늘진 자아를 대면하고 나면 더 이상 크게 염려할 것이 없다. 자기한테나 남들한테나 발각될까봐 겁날 것이 없기 때문이다. 게임은 끝났고, 당신은 자유다. 바야흐로 전설 속의 '거룩한 바보'가 되었다. 바울은 그것을 더 이상 보호하거나 주장할 페르소나가 없는 자신의 마지막 무대라고 말하고 있는 것 같다.(고린도후서 11) 마침내 당신은 변장하거나 두려워하지 않고서 있는 그대로의 당신이 될 수 있고, 있는 그대로의 당신이다.

우울과 슬픔

자신의 그늘진 행실로 말미암아 생겨나는 어느 정도의 슬픔, 부끄러움, 낙담은 늘 있게 마련이다. 그러기에 그것을 알아차리고 너무 크게 실망하지 않는 법을 배우는 것이 중요하다. 그럴 경우 슬퍼하고 부끄러워하는 것은 당신의 거짓 자아다. 게임이 끝났기 때문에 그러는 것이다. 한때 '뉘우침'으로 불리기도 한 '거룩한 슬픔'은 당신과 세상 안에 있는 새롭고 알려지지 않은 무엇에 자기를 열어놓기 위해서 당신 영혼이 치러야 하는 값이다. 그와 같은 '필요한 슬픔'('필요한 고통'의 다른 형태)을 느끼고 받아들이고 대면하는 것이 중요하다.

남자들 세계에서 우리는 자기의 깊은 슬픔을 충분히 느낄 수 없거나 느끼기를 거부하는 많은 사람이 대상 없는 분노에 갇혀 사는 것을 본다.[1] 그 분노를 말끔히 해소하는 유일한 길은 그것의 밑으로 흐르는 슬픔의 큰 바다를 직면하는 것이다. 남자들은 아무데서나 쉽게 울 수 없는 분위기에서 자란다. 그래서 눈물을 분노로 둔갑시키고 때로는 깊은 우울 속에 침잠한다. **경쟁 사회에서는 남자들이 자기의 그늘진 자아를 부인하는 게 오히려 장려되고, 그래서 결국 우리는 슬픔과 분노로 일그러진 노인들을 어디에서나 자주 보게 되는 것이다.** 남자들은 몇 가지 그림자 복싱이 허용되기만 해도 훨씬 많은 일을 할 능력이 있다.

하지만 여기에서 우리는 필요한 슬픔과 병적 우울의 차이를 분명히 가려야 한다. 우울증을 앓는 많은 사람이 그동안 위험한 일을 당해보지 않았고, 자신의 안전지대 밖으로 나가본 적도 없고, 필요한 고통을 겪어보지도 않았고, 그 결과 자기는 한 번도 살아본 적이 없다고, 또는 사랑받아 본 적이 없다고 무의식 속에서 생각하는 그런 사람들이다. 그것과 필요한 고통은 기능 면에서는 같을 수 있겠지만 본질은 전혀 다른 것이다. 뜻밖에 많은 사람들이 우울과 분노에 묻혀서 말년을 보내고 있는 것이 우리네 딱한 현실이다. 한 사람이 생애를 그렇게 마감한다는 것이야말로 얼마나 큰 불행인가!

사람이 그림자 복싱으로 자가당착을 직시하고 자기의 과오와 실패에 친숙해짐으로써 온전한 '의식'에 도달한다는 것은 진정 놀랄 만한 일들 가운데 하나다. 자기 내면의 갈등과 투쟁을 겪어보지 않은 사람은 거의 예외 없이 피상적이고 매사에 심드렁하다. 우리는 그들과 대화하기보다 그들을 참고 견디는 쪽으로 가게 된다. 도무지 대화가 되지 않기 때문이다. '그늘진 행실'은 '위쪽으로 떨어지기'의 다른 이름이다.

레이디 줄리안의 말이 참으로 명언이다. "먼저 추락이 있다. 그 다음에 추락으로부터의 회복이 있다. 둘 다 하나님의 자비로운 은총이다."

우리 모두 더 크고 진짜인 집을 찾기 위하여

집을 떠나야만 한다.

기본적으로 전반부 인생은 본문을 쓰고 후반부 인생은 그에 대한 주석을 쓴다.
옹근 사람(whole people)은 가는 곳마다에서 옹근 전체(wholeness)를 보고
옹근 전체를 만들어낸다. 분열된 사람은 모든 사람과 모든 사물에서 분열을
보고 분열을 만들어낸다. 후반부 인생을 산다는 것은 나누어진 조각들이
아니라 옹근 전체 안에서 모든 것을 본다는 뜻이다. 하지만 우리는 지지분한
조각들 안으로 '떨어져 내림' 으로써 옹근 전체에 가서 닿게 되어 있다

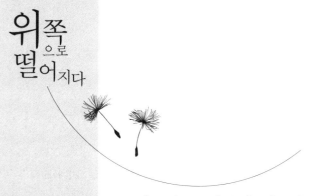

위쪽으로
떨어지다

12. 새로운 문제들과 새로운 방향들

New Problems and New Directions

12

새로운 문제들과 새로운 방향들
New Problems and New Directions

◆

법을 잘 배우고 잘 지켜라. 그래야 그것을 제대로 어길 줄 알게 된다.

달라이 라마

정규 코스를 밟고 있다면, 후반부 인생으로 들어가면서 당신의 세계
는 훨씬 더 커질 것이다. 하지만 이 또한 하나의 패러독스인데, 당신이
신뢰하고 진심을 나눌 만한 가까운 벗들의 수는 오히려 줄어들 것이
다. 이제 당신은 많은 사람 또는 많은 기관들이 전반부 인생의 업무에
매달려 있다고 해서 더 이상 놀라거나 화를 내지 않는다. 실제로 대부
분의 집단과 기관들 그리고 젊은이들이 그렇게 하도록 프로그램이 설
정되어 있는 것이다. 그들을 미워하거나 경멸할 이유가 없다.

기관에게는 정관, 정책, 절차, 선례, 회원 관리 따위가 반드시 필요하
다. 조직을 운영하려면 고용과 해고, 감독과 경영의 명백한 기준이 있

어야 하고 규약에 따라서 봉급도 지불해야 한다. 법정 송사에도 진지하게 임해야 한다. 관계된 사람들이 자기 분야에서 일을 성실히 하지 않으면 당신은 그들과 함께 일한 것을 후회하게 될 것이다. 하지만 그럼에도 불구하고 그것들은 에고한테 필요한 일이다. 영혼에 필요한 일이 아니다. 이것이 우리의 공동 딜레마로, 쉽게 해결되는 문제가 아니다. 그러나 그 자체로 매우 창조적인 긴장이 될 수 있다.

"현실에서는…" 또는 "결과적으로…"라는 낡은 말투로 문제를 해결하거나 매듭지으려 할 때 우리는 반드시 필요한 창조적 긴장을 피하게 된다. 이렇게 영혼의 지혜를 뒤로 밀쳐둠으로써 우리는 복음의 핵심을 외면하고 만다. 복음이 만사 젖혀두고 현실의 효과를 계산하거나 이익을 도모하는 그런 경우는 없다. **우리가 진정으로 영적 순례의 길에 들어서려면 어떤 형태로든 '바닥'(bottom)을 쳐야 한다는 것이 복음의 '최종 결산'(bottom line)이다. 그 지점에 이르면 비로소 '종교'라 할 수 있겠다. 사람이 바닥에 곤두박질하면 현실의 효과가 어떤지, 이익인지 손해인지 그런 것에 관심을 둘 여유가 없다. 그저 신선한 공기를 마시고 싶을 뿐이다. 참된 복음은 언제 어디서나 맑고 신선한 공기요, 맘 놓고 숨쉴 수 있는 넓은 방이다.**

그런즉 이제 우리가 물어야 할 질문은 이것이다. "어떻게 전반부 인생의 합법적 요구들을 존중하면서 후반부 인생을 위한 공간, 전망, 시간, 은총을 만들어낼 것인가?" 이 긴장을 잘 유지하는 데 지혜의 묘미가 있다. 깊은 숲의 은둔자들이나 현직에서 은퇴한 사람이라면 전반부를 잊고 온전히 후반부에 몰입할 수 있겠지만, 그들도 먹고 마시고 입고 누워서 잠자야 한다. 인간의 삶이라는 예술은 열매 맺히는 활동과 묵상하는 자세를, 이것 아니면 저것이 아니라 둘을 동시에 함으로써, 하나로 일치시키는 데서 이루어지는 것이다.[1]

어떤 집단이든지 현실의 실제적인 일을 떠나서는 존재할 수 없다. 그러나 바로 그 때문에 당신은 늙어가면서, 그리고 그만큼 지혜로워지면서, 교회를 포함한 집단들이 갈수록 거북해지는 것이다. 무슨 말인가? 역사적으로 가톨릭과 정교회 전통에서는 변두리로 물러나 수사나 수녀로 되면 그만이었지만, 지금은 종교 생활 자체가 같은 제도화로 인하여 마땅히 지켜야 할 지혜와 자유의 자리를 지키지 못하고 있다. 안타까운 일이지만 '기성 교회'로 고착된 것이다.

전반부 인생에서 복음이나 지혜로운 사고방식을 몸으로 체득하는 경우는 거의 없다. 그래서 '조직'과 '정답'에 몸을 의탁한다. 그리고 그 '답 없는 답들'을 중심으로 인생의 탑을 쌓는 것이다. 당신이 '미국인'이면 다른 뺨을 돌러댈 수 없다. 당신이 가톨릭신자라면 개신교인과 영성체를 같이 할 수 없다. 어쩌다가 모든 사람이 그 위에 떠서 함께 흐르는 '작은 강'을 지키기 위하여 당신은 더 먼저인 '더 깊은 강'을 끝내 부정한다. 실제로 당신이 하는 일은 사람들이 더 편안히 떠서 흐르게 하려고 작은 강에 놓인 배와 다리를 손질하는 것이다. 요즘 가톨릭교회는 엄청난 재난을 당하고 있는 세계 앞에서, 미사 때 쓰는 용어를 '오리지널 라틴어'(예수는 한 번도 쓴 적이 없고 그를 억압한 자들이 쓰던, 그것도 지금은 죽은)로 돌려놓는 작업에 많은 시간과 돈을 아낌없이 쓰고 있다. 여전히 성직자들의 통제가 먹히는 교회의 성소(聖所)가 그들에게는 유일한 세계인 것처럼 보인다. 그리하여 다시, 작은 강에서 작은 일들을 꼼꼼히 손질하는 것으로 '큰 강'에 몸 던지는 것을 능가해 보자는 것이다.

이와 같은 착각에서 벗어나는 가장 좋은 방편으로, "두세 사람이 내 이름으로 모인 곳"이 곧 교회라는 예수의 분명한 말씀이 적용되지 않는 게 나는 정말 이상하다. 진정한 치유 선교에 좋은 결실을 거두고 있는 많은 사람이 내가 알기로는 깨우친 동료 두세 명의 지원을 받아서 일을 시작하였고, 그 뒤에 필요하면 더 큰 조직의 지원을 받았다. 골격은 큰 조직들이 잘 만들 수 있지만 근육과 살과 기적들은 지역 차원에서 일어나는 것이다.

에고 그리고 대부분의 조직들은 서로 맞받아치는(tit-for tat) 세상을 살아간다. 그러나 영혼은 결코 조직화되지 않는 풍요, 은총, 자유의 큰 바다를 헤엄친다. 기억하자. 복음서에는 해거름에 와서 일한 노동자와 온종일 일한 노동자에게 똑같은 삯을 지불하는 고용주가 등장한다는 사실을.(마태복음 20:1~16) 영혼의 차원 아니면 결코 그런 계산이 나올 수 없다. 영으로 충만하여 사는 사람은 그 고요함으로 우리의 거친 맥박을 가라앉히고, 그 평안함으로 우리의 성급함을 늦춰주고, 이것 아니면 저것이어야 하는 흑백논리로 시끄러운 세상에 다른 선택과 대안이 있는 세상을 보여준다. 영으로 사는 사람은 세상 사람들이 존재하고 성장하는 데 반드시 필요한 소금이고 누룩이고 빛이다.(마태복음 5:13~16) 잊지 말자. 예수께서는 우리가 전체 밥상이라고, 썰지 않은 한 덩이 빵 또는 깨달음의 눈을 뜬 도성이라고 하지 않으셨다. 그게 아니라 그런 일들이 가능하도록 침묵으로 흘러가는 밑바닥 물이라고 하셨다. 모든 조직들이 후반부 인생을 살아가는 원로들을 어른으로 모셔야 하는 이유가 여기 있다. 한 조직에 원로 두세 사람만 있어도 그 조직이 자기 이익 추구에 빠지지 않도록 충분히 지켜줄 수 있다.

그 속에 영으로 사는 이들이 몇 명이라도 들어 있지 않은 집단이면, 해거름에 와서 일한 사람이나 줄서기 끝자리에 있는 사람 또는 변두리로 몰려난 사람이 남들과 동등하게 대우받는 일은 결코 없을 것이다. 그런데 슬프게도 그것이 오늘 우리의 정계나 교계에서 너무나도 자연스럽게 노출되는 현실 아닌가? **그러기에 우리는 대부분이 인생 전반부를 살고 있는 곳에 두세 사람이라도 인생 후반부를 사는 어른들이 공존할 수 있도록 자리를 마련하고 조건을 갖추어야 한다! 예수가 "십자가를 지라"고 말씀하셨을 때 그 말에 담긴 뜻이 바로 이것 아니겠는가?**

거의 모든 집단과 기관들이 전반부 인생들로 구성되어 있다고 말하는 것은 당신을 낙담시키려는 것이 아니다. 오히려 그 반대다. 내가 이렇게 말하는 이유는 무엇보다 사실이기 때문이고, 그뿐 아니라 당신으로 하여금 그릇된 기대로 인하여 낙심하거나 희망을 포기하는 일이 없도록 하기 위해서다. 어떤 집단에, 그 집단이 할 수 없는 일을 요구하거나 기대하지 말자. 그렇게 하면 괜히 분노하고 쓸데없이 반발하게 될 것이다. 그들은 자기 정체, 자기 경계, 자기 존속, 자기 축복에 관심을 두지 않을 수 없고, 틀림없이 그럴 것이다. 그것이 그들의 목적이고 본질이다. 당신이 희망할 수 있는 것은 '내 이름으로 모인 두세 사람' 사이에서 소수의 깨달은 지도자들이 나오기를 바라는 것이 거의 전부다.

인생 후반부에서 당신은 꼭 해야 한다고 생각되는 일을 하는 사람들을 진심으로 축복하고 그 일을 하도록 허용하되, 만일 그들이 자기 자신이나 남들을 해치고 있다면 그러지 말라고 정면에서 타이르고 경우에 따라 그들에게 도전도 한다. 하지만 더 이상 그들과 함께 전반부 인생을 살지는 않는다. 그들이 하는 온갖 선한 일을 위하여 그들과 같은 기관에 속할 수도 있다. 그러나 더 이상 당신의 모든 것을 한 가지 사업에 몽땅 걸지는 않는다. 그것이 불필요한 실망과 분노로부터, 안에서 열 수 없게 되어 있는 문을 밖에서 두드리는 헛수고로부터 당신과 남들을 아울러 지켜줄 것이다. '새로 출현하는 그리스도교'(emerging Christianity)라고 말할 때의 의미가 바로 이것이다.[2]

예수께서도 길바닥이나 돌밭이나 가시덤불에 씨를 뿌리는 것은 시간과 에너지를 낭비하는 것일 수 있다고, 그러니 기름진 토양을 기다려야 한다고(마태복음 13:4~9) 말씀하셨다. 나는 그들을 가리켜 증식(增殖)하는 사람들, 묵상하는 사람들 또는 변화의 주체들이라고 부른다. 오늘 나는 집단으로든 개인으로든 처음 시작하던 때의 마음과 자세를 잃어버린 교회 안에서보다 그 바깥에서 이 기름진 토양을 더 많이 본다. "속세의 자녀들이 저희끼리 거래하는 데는 빛의 자녀들보다 영리한 법"(누가복음 16:8)이라고 말씀하신 예수께서 죄인, 변방인, 이방인, 사마리아인, 여자, 로마군 장교, 가난한 사람, 나병환자 등을 당신이 만든 이야기의 주인공으로 삼으신 이유도 아마 그래서였으리라.

그토록 많은 선량하고 성실한 사람들이 지도자 위치에 있는데도 어째서 모세, 예수, 무함마드의 이름으로 세워진 종교들이 추방과 배척으

로 자기 정체성을 유지해 왔는지를 해명할 수 있는 유일한 길은, 지금까지 그들이 전반부 인생의 단계에 머물러 있었다는 사실을 인정하는 데 있다. 예수가 베드로에게 주신, 잠그고 열 수 있는 능력의 열쇠(마태복음 16:19)가 잠그는 쪽으로는 자주 사용되는데 여는 쪽으로는 거의 사용되지 않는다는 사실이 나는 늘 의아스러웠다. 하지만 전반부 인생은 '아니다'(no)로 자기를 나타내고 후반부 인생은 '그렇다'(yes)로 자기를 나타내게 되어 있음을 기억하자 그대로 이해되었다. 예수 그분이 바울의 말에 따르면, "언제나 '그렇다'만 있는"(고린도후서 1:19) 삶에서 오신 스승이라는 사실이 나는 참으로 고맙다.

외로움과 홀로 있기

당신은 '그렇다'고 하는데 오랜 친구들이 하나같이 '아니'라고 한다면 분명 외로움을 느낄 것이다. 그러니 당신이 속한 집단이나 옛 친구들 심지어 교회까지도 더 이상 전처럼 당신을 대하지 않게 될 경우를 대비할 필요가 있다. 하지만 내 약속하거니와 당신의 새 능력, 곧 혼자 있으면서 행복할 수 있는 능력이 그런 어리둥절한 상황을 훨씬 능가한다. **이 경지에서 볼 수 있는 크게 놀라운 일들 가운데 하나가 당신 스스로 홀로 있음(solitude)이 당신의 외로움(loneliness)을 치유한다는 사실이다.** 그게 그렇다는 것을 누가 상상할 수 있겠는가? 나는 지금 40일 가까이 렌텐 은수지에 홀로 머물면서 이 글을 쓰고 있다. 이보다 더 행복할 수 없고 다른 사람들과 더 하나 될 수 없다. 지구별에서 살고 있는 뭇 생명의 아픔과 슬픔에 이보다 더 깊이 연루될 수 없다. 그러면서 동시에 이보다 더 '생산적'일 수 없다. 무슨 말을 하는지 모를 사람이 대부분일 것이다. 하지만 이는 다른 차원에 속한 다른 성격의 삶이다. 사람이 일단 '깊은 시간' 속으로 들어가 살게 되면 모든 성자와 죄인, 과거와 미래에 온전히 하나 되어 서로 긴밀한 통교를 하게 된다. 깊은 시간 속에서는 모든 사람과 사물이 함께 중요하고 서로 영향을 주고받으며 과거도 미래도 아닌 지금 여기에 현존한다.

기본적으로 전반부 인생은 본문을 쓰고 후반부 인생은 그에 대한 주석을 쓴다. 우리 모두 늙어가면서 필요한 내적 성찰과 행복을 향해 나아간다. 인생이 우리에게 주고 우리한테서 가져간 것들을 풀어보려면 그와 같은 내적 성찰이 필요하다. 우리는 지금 여기에서 필요한 일을 자연스러운 계획에 따라 한다. 대부분 노인들이 시끄러운 음악, 필요 없는 편 가르기, 떼 지어 움직이는 무리를 선택하지 않는 것은 이상한 일이 아니다. 될수록 덜 자극적인 곳으로 움직이고 영혼의 스케줄에 따라서 움직인다. 그동안 인생은 우리에게 충분한 자극을 주었다. 이제는, 비록 무의식적이지만, 그것을 순화하고 통합시켜야 한다. 이 단계에서부터 침묵과 시(詩)가 우리의 더 자연스러운 목소리, 더 아름다운 귀로 바뀐다.[3] 인생의 많은 부분이 고상한 상징으로 되어 서로 긴밀히 연결되고, 사소한 사물들이 다른 모든 것의 중요한 은유들로 보이기 시작한다. 침묵이 온갖 소리를 그 속에 함축하고, 우리로 하여금 분별하는 언어와 흑백논리에 의한 판단으로 되돌아가지 않게 해주는 유일한 언어다.

제랄드 맨리 홉킨스, 매리 올리버, 데이빗 와이테, 데니스 레베토 브, 나오미 쉬합 니예, 라이너 마리아 릴케 그리고 T.S. 엘리엇 같은 시인들이, 비록 당신이 그들의 시 한 줄 읽지 않았다 하여도, 당신의 내적 경험을 그대로 읊고 있다. 루미, 하피즈, 카비르, 십자가의 요한, 소화 테레사, 바알 셈 토브, 노리치의 레이디 줄리안 그리고 라비아 같은 신비주의자들이, 비록 당신이 그들의 존재를 모르거나 그들이 하는 말에 관심을 두지 않았다 하여도, 당신이 소속된 집단 사람들보다 더 많은 말을 당신한테 들려준다. 예수처럼 당신도 머잖아 머리 둘 데 없는 신세임이 느껴지겠지만, 가는 곳마다 거기가 당신 안방임 또한 느껴질 것이다. **이것은 정치인들에게도 마찬가지다. 만일 당신의 정치가 갈수록 더 자비로워지고 더 너그러워지지 않는다면 과연 당신이 후반부 인생을 살고 있는 건지 의심스럽다.**

해괴한 소리처럼 들리겠지만 "그가 우리 모임, 우리 민족, 우리 정당, 우리 계층에 속했느냐, 아니냐?"는 더 이상 문제되지 않는다. "그가 '큰 그림'으로 건너갔느냐, 아니냐?"가 관심사다. 이 새로운 '모임-없는 모임'(nongroup group)의 멤버들은 전보다 훨씬 쉽게 서로 소통한다. 요즘 '새로 출현하는 그리스도교'또는 '새로 출현하는 교회'라 불리는 것은 당신이 가입하고 설립하고 창안할 수 있는 그런 무엇이 아니다. 그냥 그렇게 이름 지어 부를 뿐이고, 벌써 모든 곳에 자리 잡고 있는 그것을 발견할 따름이다! 모임-없는 모임, 더 깊은 진실 안에서 모인 '두세 사람'은 전혀 새로운 차원의 결연, 대화, 우정을 만들면서도 여전히 정치적이고 종교적인 화제를 너무 진지하게 토론하지 않는 선에서 옛날 친구들과 어울려 즐길 수 있다.

이 단계에 있는 사람들의 특징이 이처럼 '이중으로' 소속되는 것이다. 어느 한쪽 모임만으로는 그들의 필요, 욕망, 기대를 모두 채워줄 수 없다. 당신이 이 책을 여기까지 읽었다면 틀림없이 이중 또는 삼중, 사중으로 소속된 사람일 것이다. 식민지 사람들, 억압당하는 사람들, 소수 민족은 살아남기 위하여 여러 곳에 다중으로 속하는 법을 배워야 했다.

이것도 저것도

이는 많은 종교들이 '비(非)이원론적 사고' 또는 '이것도 저것도(both-and)의 사고방식'이라고 부르는 능력이 새롭게 나타나고 있음을 암시한다.[4] 이것은 우리가 후반부 인생으로 성숙해 들어가고 있음을 표시하는 수준기표(bench mark)도 된다. 더 고요하고 더 관조적인 안목은 어느 날 갑자기 번쩍 떠지는 게 아니다. 오랜 세월에 걸친 갈등, 혼동, 치유, 확장, 사랑, 용서를 통하여 거의 무의식적으로 자라는 것이다. 그것은 우리가 좋지 않은 일에 협조하지 않는 법, 전에 배척하던 것으로부터 배우는 법, 예수가 말씀하신 안팎의 원수를 사랑하는 법을 습득하면서 점차적으로 생겨난다.

이제 당신은 더 이상 오르막 내리막으로, 옳음 그름으로, 내 편 네 편으로 나눌 필요가 없다. 있는 건 그냥 있는 거다. 이 고요함이 당신으로 하여금 훨씬 명료한 눈으로 사물을 볼 수 있게 해준다. 이 자세가 완전

피동적이기만 한 것은 아니다. 사실은 참된 묵상과 세련된 행동 사이의 본질적 연결고리다. 크게 다른 것은 당신의 편협한 소아(小我)가 뒤로 물러나서 하나님이 당신을 쓰시고자 한다면, 그것이 항상 하시는 그분의 일이긴 하지만, 지금 당장이라도 쓰실 수 있게 되었다는 점이다!

이원론적 사고는 만사를 비교해서 알게 되는, 우리에게 매우 익숙한 것이다. 일단 비교를 하거나 이름표를 붙이면(판단을 내리면) 언제든지 하나는 좋고 다른 것은 덜 좋거나 나쁜 것으로 된다. 내 말을 가지고 따져볼 것 없이, 당신의 생각과 반응을 살펴보라. 올라간다, 내려간다, 들어간다, 나간다, 찬성한다, 반대한다, 옳다, 그르다, 희다, 검다, 곧다, 굽다, 좋다, 나쁘다, 이러면서 거의 자동으로 움직이는 당신 모습이 보일 것이다. 인종주의, 성차별주의, 계급주의, 종교적 제국주의, 동성애 혐오 등 온갖 종류의 편견들이, 꽤 괜찮은 인격자들 사이에서도, 그토록 오래 지속되고 극복되기 어려운 이유가 바로 여기에 있다.

지나친 말장난처럼 보일 수도 있겠지만 (당신의 기억을 돕는다는 차원에서) 이원론적 사고의 일곱 가지 유형을 아래와 같이 열거해 본다. 그것은 비교한다(compares), 서로 경쟁한다(competes), 맞서 싸운다(conflicts), 음모한다(conspires), 저주한다(condemns), 반대편 증거를 말소한다(cancels), 서슴없이 십자가에 못 박는다(crucifies)이다. 이상을 거의 모든 폭력의 원천인 일곱 가지 '씨(C) 착각'이라고 부를 수 있겠다. 그런데 세상은 오히려 이것들을 '민주주의를 수호하기 위하여' 또는 '영혼을 하늘나라로 구원하기 위하여' 필요하고 좋은 것으로 신성시하고 있지 않는가?

전반부 인생에서는 에고의 경계를 굳게 세우고 분명한 목표 달성을 위하여 비(非)이원론적 사고나 묵상이 외면당하고 뒤로 밀려난다. 그리하여 훌륭한 '잠정적 인격'이 만들어지는 것이다. 이원론적 사고는 우리가 인생을 출발할 때 나름대로 쓸모가 있다. 그러나 정직한 사람이면 그것이 대부분 삶의 상황에서 별 도움이 되지 않는다는 사실을 인정할 것이다. 십대들에게는 자기가 응원하는 야구팀이나 자기 군대 또는 자기 종교가 도덕적이고 우월하다고 생각하는 것이 그럴듯한 일이다. 하지만 우리는 그렇게 편을 가르는 것이 '협약된 게임'에 지나지 않는다는 진실을 그들이 인생 후반부로 접어들면서 깨달아 알았으면 한다. 그 안에서 하나님이 다저스와 양키즈, 흑인과 백인, 팔레스타인 원주민과 유대인, 미국과 아프가니스탄 모두를 창조하고 사랑하시는 '큰 그림'을 향하여 당신이 나아가는 그만큼 당신의 틀은 커지게 되어 있다.

문제는 거기에 가서 닿는 사람이 많지 않다는 점이다. 우리는 우리의 틀, 게임, 뗏목에 너무 집착하여 그것으로 객관적 진실을 대체한다. 그것이 우리의 전부이기 때문이다. 그와 같은 함정에 빠져서 거의 모든 사람이 사물을 있는 그대로 보지 않고 제가 보고 싶은 대로 본다.

내 경험으로는 사람들이 자기 내면을 성찰하지 않는 한, 자신의 그늘진 자아를 대면하고 지혜 또는 비(非)이원론적인 사고 속으로 들어가지 않는 한, 자기가 보고 싶은 대로 보는 그것이 세상 모든 사람의 살아가는 패턴이다. 예수는 진실을 보셨다. 하지만 그동안 우리는 그런 분을 제대로 알아보지 못했다.

전반부 인생에서는 부정적이고 신비롭고 겁나고 문제가 많아 보이는 것들은 모두 다른 어디로 보내버린다. 그렇게 함으로써 에고의 단단한 구조를 만들고 그것으로 한동안 살아간다. 그러나 그렇게 나누고 쪼개는 것은 '진실'을 객관적으로 대하는 것이 아니다. 당신의 사사로운 목적에 약간 도움이 될 뿐이다. 한편으로 치우치는 이 과잉 보상은 언제고 해소되어 균형을 이루어야 한다. 이 온전한 통합 또는 내가 즐겨 말하는 '모든 것을 용납함'이 성장, 성숙, 성결의 다른 명칭이다.

후반부 인생에서는 만들어진 에고의 이상(理想)을 위해 전에 기피했던 것들이 진정한 벗과 교사로 되어 돌아오기 시작한다. 행동하는 사람은 생각하는 사람으로, 생각하는 사람은 느끼는 사람으로, 느끼는 사람은 행동하는 사람으로, 외향적인 사람은 내향적인 사람으로, 꿈꾸는 사람은 현실적인 사람으로 그리고 현실적인 사람은 꿈꾸는 사람으로 바뀐다. 지난 40년간 회피해 온 곳으로 발길을 돌리고, 친구들은 의아한 눈으로 그러는 우리를 바라본다. 왜 예수가 쫓겨난 사람들, 이방인들, 죄인들, 상처 입은 사람들을 언제나 환영하는지 그 까닭을 이제 비로소 우리는 알 것 같다. 아직 인생 전반부의 역사, 교회, 문화에 머물러 있는 사람들을 가르치고 그들한테서 이해받아야 하는 피할 수 없는 과제를 안고 살아간 후반부 인생의 사람, 그가 바로 예수였던 것이다.

그의 위험하면서 모든 것을 포용하는 생각에서 나온 말에 귀를 기울여보자. "우리 아버지는 좋은 사람 나쁜 사람 가리지 않고 똑같은 햇빛을 비춰주시고, 옳은 사람 그른 사람 가리지 않고 똑같은 비를 내려주시는 분이오."(마태복음 5:45) "그냥 두어라. 가라지를 뽑다가 밀까지 뽑

을라. 추수 때까지 함께 자라도록 내버려두어라. 추수 때에 일꾼들한
테 일러서, 가라지는 먼저 뽑아 단으로 묶어 불태우고 알곡은 거두어
곳간에 들이도록 하리라."(마태복음 13:29~30) 내가 만일 신학교 강의실
에서 이토록 엉뚱한 생각을 늘어놓으면 틀림없이 F학점을 받을 것이
다!

　나는 확신한다. 예수는 서양 최초의 비(非)이원론적 종교 사상가였
다.(철학자로는 헤라클리투스 같은 사람이 있었다.) 그러나 그의 가르침은 그
리스 이원론 철학에 의하여 급속히 여과되었다! 당신이 강한 단체를
만들어 그 원칙을 분명히 설정하고 당신 생각이 다른 사람들 생각보
다 낫다는 사실을 입증코자 한다면 비(非)이원론적 지혜가 아무 도움
이 못 될 것이다. 그 단계에서는 참된 지혜가 경건하지만 위험한 시(詩)
로 보이게 마련이다. 그리고 반드시 거쳐야 하는 인생 초기 단계에서
는 그에 대한 경계가 어쩌면 옳을 것이다! 하지만 성직자와 영적 교사
들이 후반부 인생이어야 하는 이유와, 전에 우리가 예수의 말을 듣고
도 그분의 탁월함을 알아보지 못하고 그 가르침을 교묘하게 손질하고
오히려 가볍게 본 이유가 모두 여기에 있었다.

　그러므로 우리는 미묘한 식별을 할 수 있으려면 먼저 명료할 수 있
어야 한다. 이원론적 사고는 당신을 야구장으로 데려갈 수 있다.("너는
하나님과 돈을 아울러 섬길 수 없다.") 그러나 일단 필드에 들어서면 비(非)
이원론적 사고 또는 많은 사람이 '묵상'이라고 말하는 그것이 필요하
다. '내가 하나님을 섬기기로 선택했다는 사실은 무엇을 의미하는가?'
비(非)이원론적 사고를 한다는 것은 당신이 먼저 이원론적 사고를 마스

터했고, 그러면서 한편 그것이 사랑, 고통, 죽음, 하나님 같은 큰 문제들을 다루는 데 충분치 못한 줄을 알았다는 사실을 의미한다. 한 마디로 우리에게는 둘 다 필요하다.

삶의 진실이 제 언어로 당신을 가르치게 하지 않는 한, 당신의 이원론적 사고를 알아차리고 그것을 극복하기 위한 수련을 하지 않는 한, 당신은 대부분 사람들이 그래왔듯이 언제까지나 전반부 인생에 머물러 있을 것이다. 전반부 인생은 모자라는 것과 더불어 일할 수 없고 삶의 비극성에 대한 감각도 수용할 수 없다. 그것은 당신이 그 누구도, 그무엇도 깊게 사랑할 수 없다는 뜻이다. 대부분 사람들이 이원론적 사고에서 벗어나지 못하고 이것 아니면 저것으로 생각하는 한, 역사 속에서 어떤 변화도 일어나지 않을 것이다. 그렇게 나누고 쪼개는 사고의 틀 안에서는 단순한 정보, 데이터, 사실의 차원에서 같은 내용으로 끝없는 논쟁을 벌일 따름이다. "내 사실이 네 사실보다 낫다." 이렇게 목청껏 외쳐대는 동안 에고의 집착만 더욱 견고해지는 것이다.

이사야(11:2), 바울(고린도전서 12:8~9), 스콜라 철학은 지혜와 지식을 서로 다른 것으로 보았다. 분석적 지성(知性)과 직관적 또는 태생적 지성을 완전히 다른 두 차원의 의식으로 본 것이다. 우리는 지금 그들의 견해가 어떻게 옳았는지를 학문적으로 검증하는 시대에 살고 있다.

바야흐로 보는 자와 보이는 또는 보일 수 있는 대상 사이의 진정한 결속을 현대 과학이 밝혀내는 중이다. 지혜로운 봄(seeing)은 먼저 보는 쪽의 변화를 추구하고, 그러고 나서 보이는 대상이 스스로 돌보리라는 것을 안다. 그렇게 간단하고 그렇게 어렵다.

온근 사람(whole people)은 가는 곳마다에서 온근 전체(wholeness)를 보고 온근 전체를 만들어낸다. 분열된 사람은 모든 사람과 모든 사물에서 분열을 보고 분열을 만들어낸다. 후반부 인생을 산다는 것은 나누어진 조각들이 아니라 온근 전체 안에서 모든 것을 본다는 뜻이다. 하지만 우리는 지저분한 조각들 안으로 '떨어져 내림'으로써 온근 전체에 가서 닿게 되어 있다. 실로 오랜 세월 우리는 우리 자신이 포함되어 있는 완벽한 전체를 갈망해 왔다. 이 '통일장'에 '위로 오름'의 유일하고 영원한 의미와 목적이 있다고 나는 지금 말하고 있는 것이다.

이것만은 기억하자. 당신 말고는 아무도 당신을 당신의 후반부 인생으로
들어가지 못하게 할 수 없다. 당신 자신의 용기, 인내심 그리고 상상력의 결핍
말고는 그 무엇도 당신의 후반부 인생을 막지 못한다. 당신의 후반부 인생은,
그리로 들어가든지 피하든지, 온전히 당신에게 달린 것이다. 이 일이 있기
위해서는 전반부 인생에서 뭔가를 잃고 몰락해야 한다는 것이 나의 확신이다.

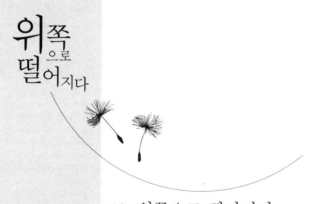

13. 위쪽으로 떨어지기

Falling Upward

13

위쪽으로 떨어지기

Falling Upward

중력의 법칙이란 실로 얼마나 대단한 것인가!

지극히 작은 물건조차도

세계의 중심으로 끌어당기는 저 큰 바다처럼…

이것은 사물들이 우리에게 줄 수 있는 가르침이다.

떨어지라고,

네 무게를 참을성 있게 신뢰하라고.

라이너 마리아 릴케

많은 사람이 후반부 인생이라고 하면 나이 들어 은퇴하고 건강이나 챙기는 것을 연상하는데 이 책이 말하는 것은 정반대다. 아래로 떨어지는 것처럼 느껴지는 것이 실은 위쪽으로 그리고 앞쪽으로, 영혼이 그 온전함을 발견하고 마침내 옹근 전체와 연결되어 '큰 그림' 안에서 살아

가는 더 넓고 더 깊은 세계 속으로 떨어지는 것일 수 있다는 얘기다.

그것은 잃는 것이 아니라 얻는 것이고, 지는 것이 아니라 실제로 이기는 것이다. 이것이 진실임을 알려면 진정한 원로를 적어도 한 사람은 만나야 한다. 나는 그것이 그렇다는 사실을 알기까지 수많은 원로들을 충분히 만났다. 그들은 너무나 인간적인 모습으로, 때로는 많은 사람의 배척을 당하거나 엉뚱한 사람을 대신하여 고난을 받으면서 나에게 다가왔다. 예수가 말씀하신 대로 그들에게서는 "샘솟는 물이 강물처럼"(요한복음 7:38) 흘러나왔다. 많은 사람이 우러러보는 저명인사나 정치인들보다는 그들이 훨씬 더 숭고한 나의 모델이고 목표다.

최근에 나는 보지 못하고 듣지 못하는 여인이었던 헬렌 켈러의 생애를 기록한 다큐멘터리를 보았다. 그녀는 아직 전반부 인생일 나이에 훌쩍 후반부 인생으로 도약하여, 극심한 장애에도 불구하고 자신의 깊은 중심을 발견했던 것 같다. 놀라운 행복감으로 충만한 삶을 살면서 남들도 같은 행복을 누리게 하려고 노력한 것이 그녀의 생애였다. 자기 인생의 의미와 가치가 자신의 신체적 장애를 보호하거나 탄식하는 데 있지 않고 남들을 섬기는 데 있다는 것이 그녀의 분명한 확신이었다.

바로 여기에 변모된 사람과 변모되지 않은 사람의 큰 차이가 있는 것 같다. 위대한 사람은 섬김을 받으려고 온 사람이 아니라 섬기려고 온 사람이다. '익명의 알코올 중독자들'(AA)이 말하는 '열두 단계'의 마지막 열두 번째 단계가 그것이다.

"네가 네 인생을 남에게 내어주지 않는 한, 남에게 그것을 내어주기까지는, 결코 네 삶을 깊은 차원에서 살지 못할 것이다."

훌륭한 부모는 이것이 무슨 말인지 잘 안다. 내가 알고 있는 가장 행복하고 너그럽고 진솔한 사람은 젊은 엄마들이다! 이것이야말로 인생의 미묘한 패러독스들 가운데 하나다. 우리는 다른 사람들의 반응, 사랑, 때로는 필요한 도전에 의하여 삶 속에서 '거울로 비쳐지는' 것 같다. 스스로 엄청난 사랑의 값을 치르면서 헬렌 켈러를 그토록 아름답게 비쳐볼 줄 알았던 앤 설리번 선생을 인하여 하나님께 감사드린다. 우리 모두 풍요로운 삶을 누리려면 그와 같은 거울이 적어도 하나는 필요하다.

거울에 비쳐보기

사십대 후반 어디쯤에서 나는 그동안 많은 사람이 나 아닌 나를 사랑하고 칭찬했다는 사실과 함께 많은 사람이 나 아닌 나를 배척하고 싫어했다는 사실을 깨닫게 되었다. 반대로 나인 나를, 내 모든 흉터까지 포함하여 사랑한 이들도 많았다. 그리고 그것이 나를 살려준 유일한 사랑이었다. 나인 나를 곧이곧대로 비판하고 내 그늘을 노출시킨 사람들도 있었다. 그것은 언제나 고통스러웠지만 큰 도움이 되었다. 하지만 그 모든 경우에, 나에 대한 그들의 반응이 정작 '나'보다는 '그들' 자신에 대하여, 자기들의 좋고 나쁜 성품과 기질에 대하여 더 많은 말을 들려주고 있음이 차츰 분명해졌다.

아름다움이나 추함은 무엇보다도 보는 사람 눈에 있는 것이다. 선한 사람은 우리 안에서 자기의 선함을 비쳐보게 마련이고, 그래서 우리가 그들을 좋아하는 것이다. 성숙하지 못한 사람은 우리 안에서 자기의 뒤틀리고 일그러진 모습을 비쳐보게 마련이다. 그래서 그들이 우리를 그토록 어지럽게 하는 것이고, 그래서 우리는 그들을 좋아하기가 그토록 힘든 것이다.

좋든 나쁘든 있는 그대로의 당신한테 반응하는 사람만이 길게 보아서 당신에게 도움이 된다. 중년 인생이 해야 하는 중요한 일은 '나를 통해서 자기 문제를 풀어보려는 사람'과 '있는 그대로의 나를 대해주는 사람'의 차이를 알아보는 것이다. 지금 나는 '신부'라는 이름으로 늙어가면서 사람들한테 좋든 나쁘든 '아빠'로 비쳐지고 있는 나를 본다. 그것은 양쪽으로 날이 선 칼과 같다. 그것으로 사람들을 쉽게 치유할 수도 있지만 그만큼 쉽게 상처를 줄 수도 있기 때문이다. 하지만 엄밀히 말해 이것은 '나'가 아니라 '그들의 거울에 비쳐진 나'에 관련된 얘기다.

후반부 인생을 살고 있는 당신은 이제 진정한 당신이 누군지 그리고 다른 사람들의 거울에 그것이 어떻게 비쳐지는지를 분별할 줄 알 것이다. 그리하여 다른 사람들의 칭찬이나 비난에 너무 심각한 반응을 보이지 않아도 될 것이다. 그와 같은 조용한 분별과 초연함이 내 생각에 일러도 나이 오십 이전에는 가능할 것 같지 않다. 우리의 시야를 맑게 하고 인생행로에 끊임없이 돌고 도는 거울의 방을 멈추게 하려면 진정한 원로가 절대로 필요하다.

우리 모두 필요한 것을 취하고 원하는 것을 가지고 원치 않는 것을 거절하며 살고 있다. 당신에게 오는 사람들의 반응을 액면 그대로 받아들이지 말라. **당신이 물어야 하는 유일하게 의미 있는 질문은 "누가 그래?" "언제 어디서 누가 그랬어?" "성경이 또는 교황이 그렇게 말했어?" "내가 좋아하는 거야?" 따위가 아니라 "그거 진실이야?"**(Is it true?)**다. 유일하게 의미 있고 도움이 되고 겸손한 질문은 이것이다. "그것이 객관적으로 진실인가?"**

후반부 인생에서 당신은 이 돌고 도는 거울의 방 밖으로 차츰 벗어난다. 이 일을 좀 더 잘할 수 있으려면 당신 스스로 참된 거울을 하나 지녀야만 한다. 그리고 당신 곁에 당신을 사랑하는 정직한 친구가 적어도 하나는 있어야 한다. 그에게서 '친구이신 분'(the Friend)의 응시하는 눈길을 볼 수 있어야 한다. 어떻게든지 당신의 가장 깊은 자아, 그렇다, 하나님의 형상인 당신의 모습을 비쳐주는 참된 거울 하나를 반드시 지녀야 한다. 서로 아름답게 받아들이는 모습을 비쳐주는 순간이 가장 친밀한 순간이고 그 친밀한 순간의 관계가 사람들을 깊이 치유하는 까닭이 여기에 있다. 자기 스스로 자기를 진실하게 거울에 비쳐볼 수 있다고 생각하는 것은 전반부 인생의 착각이다. 개인을 위해서는 영혼의 친구, 구루, 스승, 영적 지도자가, 단체와 기관을 위해서는 예언자들이 반드시 있어야 한다고 성인들은 말한다.

프란체스코 수도회의 성 클라라(1194~1253)**는 수련하는 자매들에게 "자신을 거울 앞에 세우라"고, "주님의 빛이 너를 비추게 하라"고, '날마다 '완전한 사랑의' 거울을 들여다보라"고 자주 말해주었다. 영적 은사**(恩賜)**란 언제나 자기 거울에 비쳐진 선물임을 분명히 알고 있었던 것이다.** 하인즈 코허츠의 '자아 심리학'(self psychology)을 800년이나 앞질러 말한 셈이다. 후대의 과학자들에 의하여 입증될 내용을 신비주의자들이 직관으로 아는 것은 자주 있는 일이다.

진실로 우리는 다른 사람의 눈을 통하여 자신을 발견한다. 그리고 그것이 제대로 이루어졌을 때에만 다른 사람을 자유와 진실, 자비의 거울로 비쳐 보일 수 있다. 예수는 클라라를 12세기나 앞질러 말씀하셨다. "눈은 몸의 등불, 눈이 밝으면 온몸이 밝겠거니와 눈이 어두우면 온몸이 어두울 것이오."(마태복음 6:22) 이 모두가 보는 법을 배우는 문제와 연결된 것들이다. 잘 보고 진실히 보는 법을 배우는 일에 우리 생애의 대부분을 보내는 것이라 해도 지나친 말이 아니다.

후반부 인생에서는 사람들이 당신을 얼빠지게 하는 경우가 줄어들 것이다. 하지만 당신을 통제하거나 해치는 경우는 더 많이 줄어들 것이다. 뭐 별로 부족함이 없는, 그것이 후반부 인생의 자유다. 젊은 시절의 황홀한 거울보기와 어른이 된 다음의 성숙하고 솔직한 거울보기는 나름대로 그때마다 내가 보아야 하고 볼 수 있는 것들을 비쳐 보여주었다. 그리하여 나에게 온전히 자비로운, 내가 조종할 수 있고 즐길 수 있는 방법으로 항상 나 자신을 나에게 보여주는, 신의 거울(Divine Mirror) 앞에 설 수 있도록 준비시켜 준 것이다. 내 지난 삶을 돌이켜보면 인간관계에서, 일터에서, 정서적으로, 육체적으로 수도 없이 넘어지고 또 넘어졌지만 결국은 나로 하여금 위쪽으로 떨어지게 해준 트램폴린(스프링 달린 매트 위에서 뛰어놀게 만든 기구) 효과가 언제나 있었다. **아래로 추락하는 것이 끝이 아니었다. 실은 그렇게 하여 다시 뛰어오르게 한 것이다.**

우리 모두가 어떻게든 추락한다는 사실을 하나님은 아신다. **우리로 하여금 하루에 수도 없이 균형을 잃고 '파국'을 보게 만드는 일들이 하나님께는 평소의 비지니스인 것이다. 우리가 실패할 적마다, 영적 지도자들이 그러듯이, 하나님께서는 말씀하신다. "와, 참 좋은 기회다! 우리가 이것으로 뭘 할 수 있는지 보자!" 같은 하나님께서 우리가 자기 에고를 키워줄 따름인 이른바 '성공'을 했을 때는 틀림없이 이렇게 말씀하실 것이다. "흠, 뭐 괜찮은 일이 새로 생길 것 같진 않군." 몰락과 실패는 인간들 사이에서 균형을 잡아주는 평형 장치다. 성공은 그 반대일 뿐이다. 건강한 공동체와 신뢰는 남보다 우월한 우리가 아니라 남들과 같이 고통당하는 우리 둘레에서 형성되는 것이다.** '행복하게 박수치는 종교' 안에서 세상과 진실에 자기를 내어맡기는 것과, 호스피스 봉사자와 그의 보살핌을 받는 사람 사이에서 임박한 죽음을 앞두고 일어나는 깊은 결속을 견주어보라. 조작되기 쉽고 스쳐 지나가는 기쁨보다 인간의 고통 속에서 이상하고 놀랍기까지 한 친교가 실제로 이루어지는 법이다. 어떤 면에서 고통의 효과는 스쳐 지나가지 않는다. 그리고 고통은 일반적으로 덜 조작되는 것이다. 그러기에 행복보다 고통이, 오래 지속되는 교제로 들어가는 좀 더 정직한 문이다.

복음의 진수(眞髓)는 해답 속에 질문이 포함되어 있다는 점이다. 떨어짐이 일어섬으로, 넘어짐이 찾음으로 된다. 죽어감이 살아남으로, 뗏목이 기슭으로 된다. 작은 자아는 그것을 쉽게 보지 못한다. 그 자신이 너무 의심이 많고, 여전히 부서지기 쉽고, 자기의 비참에 사로잡혀 있기 때문이다. 아직은 큰 패턴이 보일 만큼 충분히 살지 못했다. **자살**

하는 젊은이가 많다는 사실은 이상한 일이 아니다. 젊은이들을 위하여 좀 더 진실하게 그리고 든든하게 인생을 거울로 비쳐 보일 수 있는 원로들이 절실하게 필요한 이유가 여기에 있다. 친밀한 '나-너' 관계는 모두에게 가장 큰 거울이다. 그래서 우리는 그것을 감히 피하려 하지 않는다. 하지만 젊은이들에게는 그것이 아직 깊숙이 자리 잡지 못했고, 그래서 그들이 그토록 부서지기 쉬운 것이다.

그런 몰락의 때에 많은 사람이 '하나님의 응시하는 큰 눈길'(the Great Divine Gaze)을, 궁극적인 '나-너'의 관계를 발견한다. 그것은 언제 어디서나 자비로이 품어주는 눈길이다. 그렇지 않으면 하나님의 눈길이 아니다. 모든 거울이 그렇듯이, 하나님의 눈길은 우리를 판단하거나 일그러뜨리거나 보태거나 빼지 않고 있는 그대로 받아들인다. 그와 같은 '완벽한 받아들임'이 우리를 변화시킨다. 우리를 있는 그대로 가감과 판단 없이 받아들여주는 품, 우리가 한평생 목마르게 기다리던 것이 그것 아니었던가? **우리가 할 수 있는 일은 날마다 하나님의 사랑어린 눈길을 받고 그것을 돌려드리는 것, 그리하여 안으로 자유롭고 깊은 중심에서 행복해지는 것이 전부다.** 모든 것을 아시는 그분은 모든 것을 포용하고, 모든 것을 포함하고, 모든 것을 용서하는 게 조금도 어렵지 않다. 그토록 완벽하게 받아주는 눈길을 경험할 때 우리는 그것이 필요한 사람들한테 같은 눈길을 줄 수 있게 되는 것이다. 더 이상 이런 질문은 없다. "그 사람, 그런 대접 받을 자격이 있어?" 우리가 무엇을 받든지, 그것을 받을 만한 자격이 있어서 받는 것이 아니다.

이것만은 기억하자. 당신 말고는 아무도 당신을 당신의 후반부 인생

으로 들어가지 못하게 할 수 없다. 당신 자신의 용기, 인내심 그리고 상상력의 결핍 말고는 그 무엇도 당신의 후반부 인생을 막지 못한다. 당신의 후반부 인생은, 그리로 들어가든지 피하든지, 온전히 당신에게 달린 것이다. 이 일이 있기 위해서는 전반부 인생에서 뭔가를 잃고 몰락해야 한다는 것이 나의 확신이다. 그러니 부모의 양육을 제대로 받지 못했거나 직장을 잃었거나 인간관계에 실패했거나 몸에 장애가 있거나 경제적으로 파탄을 당했거나 심지어 어린 시절에 심한 학대를 받았거나, 그런 것들을 슬퍼하고 통탄하는 데 아까운 시간을 더 이상 허비하지 말자. 당신이 당신의 후반부 인생으로 걸어 들어가지 않는다면, 그건 어디까지나 '당신'이 그것을 원치 않아서다. 하나님은 언제나 당신이 원하고 바라는 그것을 정확하게 주신다. 그런즉, 당신은 분명하게 갈망하라. 깊이 갈망하라. 당신 자신을 갈망하라. 하나님을 갈망하라. 모든 진실과 선과 아름다움을 갈망하라.

모든 '비워냄'(emptying out)은 오직 '큰 쏟아져 나옴'(a Great Outpouring)을 위한 것이다. 하나님은, 자연이 그렇듯이, 모든 공백들을 싫어하여 급히 그것들을 채우신다.

🌿 마감

토머스 머튼의 시 한 편에 대한 명상

1968년 아쉽게 타계한 시토 수도회 수도자 토머스 머튼 신부는 내가 소신학교 도서실에서 그의 책『요나의 표적』을 처음 읽은 뒤로 줄곧 나의 스승이자 영감의 원천이었다. 1985년 부활절 시즌에 나는 켄터키 수도원 겟세마네 은둔처에서 수도원장의 친절한 초대를 받아 첫 번째 은둔 생활을 할 수 있었다. 나는 생전의 토머스 머튼을 딱 한 번 보았다. 1961년 6월 초 신시내티에서 고등학교를 졸업하던 날 부모님이 나를 데리고 그가 머물고 있는 수도원에 갔을 때 바로 내 앞에서 그가 걸어가고 있었다. 나는 그가 그렇게 일찍 세상을 떠나리라 생각하지 않았다. 더구나 그가 가고 나서 온 세상 사람들과 나에게 그토록 많은 영향을 미치리라고는 상상도 못했다.

토머스 머튼은 도로시 데이와 함께 20세기 미국 가톨릭교회에서 아마도 가장 중요한 인물이었다고 나는 생각한다. 그의 온 생애가, 우리 모두의 그것과 마찬가지로, 하나의 비유이자 패러독스였다. 하지만 그는, 나머지 우리를 위하여, 하나님과 함께한 자기의 내적 삶을 섬뜩할 정도의 솜씨로 서술할 수 있는 사람이었다. 그의 베스트셀러인 『칠층산』은 전반부 인생을 담은 것으로서 그 열정, 시상(詩想), 발견, 황홀함으로 독자들의 심금을 울렸지만 여전히 이원론적인 것이었다. 그로부터 10년쯤 뒤에 나온 아래의 시(詩), '고요한 제자의 영혼 안에'는 그의 나이 사십대 중반인데도 벌써 후반부 인생에 들어선 영혼의 모습을 잘 보여주고 있다. 나는 이제 인생 여정에 관한 우리의 긴 이야기를 마감하면서 머튼의 시 '고요한 제자의 영혼 안에'를 함께 감상코자 한다. 여기에 암시된 '자유'가, '더 먼 여정'이 당신을 데려가고자 하는 바로 그곳이기를 희망한다.

고요한 제자의 영혼 안에

고요한 제자의 영혼 안에
더 이상 본받을 교부들이 없을 때,
가난이 성공일 때,
지붕이 없어졌다고 말하는 건 사소한 일이다,
집조차 없어진 그에게.

친구들과 마찬가지로, 별들이
고상한 파멸에 화를 내고
성인들은 뿔뿔이 흩어져 가는데,

고요하다.
더 무슨 말할 것이 없다.
그의 격정들과 함께
그의 후광(後光)을 날려버린 것은
행운의 바람이었다.
그의 명성(名聲)을 삼킨 것은
행운의 바다였다.
여기서 당신은
한 마디 격언도 비망록도 찾지 못하리라.
감탄할 길도 방법도 없다.
여기에선 가난이 성취가 아니다.
그의 하나님이,
고난 같은 그의 공허 안에 사신다.

무슨 선택이 남아 있을 것인가?
그렇다, 평범해지는 건 선택이 아니다.
자기 비전(vision)이 따로 없는 보통의 자유다.[1]

이 시는 내가 그것을 1985년 은둔처에서 처음 읽은 뒤로 계속 나에게 말을 걸어왔다. 이제 그 내용을, 이 여정이 우리를 마침내 데려가는 곳이 어디인지를 요약하기 위하여 간단한 명상으로 정리해 보겠다.

고요한 제자의 영혼 안에
↓
평화로운 때, 영혼의 차원에서

더 이상 본받을 교부들이 없을 때,
↓
권위 있는 존재, 집단적이고 본받을 만한 존재들을 넘어, 너의 참 자아로 있어야 하는 때,

가난이 성공일 때,
지붕이 없어졌다고 말하는 건 사소한 일이다,
집조차 없어진 그에게.
↓
너의 모든 것이 너라고 생각되는 너의 바닥으로 내려가는 길이 될 때, 너의 그늘진 행실이 결코 멈추지 않을 때, 너의 안전과 보호 장벽들이 갈수록 엷어질 때, 그리하여 너의 '구원 프로젝트'가 실패했을 때,

친구들과 마찬가지로, 별들이

고상한 파멸에 화를 내고
성인들은 뿔뿔이 흩어져 가는데,
↓

너를 이해 못하고 너를 비판하고 심지어 너의 잘못과 실패를 기뻐하는 착한 사람들, 가족들 그리고 친구들이 너에게 안겨주는 너에 대한 의심과 상처를 직면하게 되는데,

고요하다.
더 무슨 말할 것이 없다.
↓

고요히 홀로 있으면서 명상하는 내면의 삶이 너의 바탕과 목적을 찾아내는 유일한 길이다. 생계유지 말고는 아무데로도 가지 마라.

그의 걱정들과 함께
그의 후광(後光)을 날려버린 것은
행운의 바람이었다.
그의 명성(名聲)을 삼킨 것은
행운의 바다였다.
↓

전반부 인생에 얽매인 네 끈을 느슨하게 해주고, 그래도 남아 있는 우월한 자아상(像)을 가져가 버린 것은, 필요한 걸림돌이다.(머튼은 이 선로 전환을 '행운'이라는 말로 부르면서, 영혼이 성숙하기 위하여 반

드시 필요한 고통으로 그것을 보고 있다.)

여기서 당신은
한 마디 격언도 비망록도 찾지 못하리라.
감탄할 길도 방법도 없다.
↓

해명이나 위안을 찾아서 앞으로 뒤로 두리번거리지 마라. 네가 그
동안 수련해 왔고 지금 모두에게 권장할 수 있는 어떤 특별한 방편 뒤
에 숨으려 하지 마라!(우리네 설교 좋아하는 부류들은 반드시 그래야 한다고
말하지만.) 이제 분명한 것은 거의 없어졌고, 다만 벌거벗은 신앙(naked
faith)이 남아 있을 뿐!

여기에선 가난이 성취가 아니다.
그의 하나님이,
고난 같은 그의 공허 안에 사신다.
↓

이것은 네가 노력해서 또는 깨달아서 갖게 되거나 다가서게 된 무엇
이 아니다. 너는 그리로 데려가졌고, 너의 '거기'는 정확히 아무데도 아
닌 곳이다.(그것이 '모든 것'인데 네가 기대한 대로의 모든 것은 아니라는 뜻.) 이
런 하나님은 거의 실망 그 자체다. 적어도 여태껏 어떤 방식으로든지
하나님을 '이용'해 온 사람들한테는 분명히 그렇다. 더 이상 주장할 뭐
가 없다. 하나님은 너 자신의 에고를 위하여 또는 도덕이나 우월함이

나 정보들을 통제하기 위하여 필요한 소유물이 아니다. 그것은 십자가의 요한과 다른 신비주의자들이 말하는 '무'(無, nada)다. 십자가에 달린 예수다. 그러나 그것은 여전히 괴로움이면서 평화로운 무(無)요, 빛나는 어둠이다.

무슨 선택이 남아 있을 것인가?
그렇다, 평범해지는 건 선택이 아니다.
자기 비전(vision)이 따로 없는 보통의 자유다.
↓

영성 생활의 후반부 인생에서 너는 선택하기보다 인도되고 가르침 받고 이끌린다. 그것이 너를 '선택하지 않는 선택'으로 데려간다. 그것은 네가 이미 그렇게 되었기에 '하지 않을 수 없는' 것이고, 네가 할 일이 아니기에 '할 필요가 없는' 것이고, 너의 깊은 욕망이요 운명이기에 '반드시 해야 하는' 것이다. 네 움직임의 동기는 더 이상 돈도 성공도 다른 사람들의 칭송도 아니다. 드디어 너는 너의 성스러운 춤을 찾았다.

전반부 인생의 강한 견해, 필요, 선호(選好), 욕구 등을 넘어 아무것도 일삼아 선택하지 않는 절대적 보통사람으로 사는 데 너의 유일한 독특성이 있다. 더 이상 너의 비전(vision)을 가질 필요가 없다. 너는 지금 너를 위한 하나님의 비전에 기꺼이 행복하게 동참하고 있다. 너를 위한 '다른 어떤 이'(Someone Else)의 꿈속으로 들어갔다. 너는 운전석에서 행복한 승객으로, '운전자'에게 여전히 도움될 만한 조언을 줄 수 있는 승객으로 자리를 옮겼다. 그리하여 너는 이제 난생처음 너의 독특한 영혼 안에서 살고 있는, 그러면서 역설적이게도 하나님의 머리와 가슴 안에서 살고 있는, 그리하여 거대한 우주의 춤판에서 너의 자리를 옹글게 차지하고 있는, '고요하게 깨어 있는 제자'다.

아멘, 할렐루야!

◈ 주(註)

성경 판본들: 나는 '예루살렘 바이블'로 공부했고, '뉴 아메리칸 바이블'을 사용했으며 간혹 어느 구절에 대한 새로운 속어를 알아보려고 '메시지성경'를 읽는다. 하지만 여기에 인용된 성경본문들은 나 자신의 번역이거나 위의 것들을 조합한 것이다.

더 먼 여정에로의 초대

1. 나는 이 책에서 이 용어를 굵은 대문자로 표시하여, 독자들로 하여금 그것이 작은 자아 또는 심리학의 자아가 아니라, 우리가 하나님 안에서 가지는 큰 자아와 근본 자아인 것을 알아보게 할 것이다.

2. 존 던스 스코투스(1266-1308)는 토머스 머튼과 제라드 맨리 홉킨스에게, 그리고 그의 신성한 자유에 대한 미묘한 주장들, 우주적 그리스도, 비폭력적 구원신학, 이 시에 나타난 '이것임'(thisness)에 대한 놀라운 교의를 사랑하는 우리 모두에게, 큰 영향을 끼친 프란체스코회 철학자다. 스코투스에게 있어서 하나님은 범주들, 계급들, 종류들, 부류들을 창조하신 분이 아니라 독특하고 선택된 개인들을 창조하신 분이다. 만물이 독특한 '이것'이다! Mary Beth Ingham의 Scotus for Dunces (St. Bonaventure, N.Y.: St. Bonaventure University, 2003); Gerard Manley Hopkins의 Poems and Prose (New York: Penguin, 1984), 51을 보라.

머리말

1. Richard Rohr, Adam's Return: The Five Promises of Male Initiation (New York: Crossroad, 2004).

2. Karen Armstrong, A Short History of Myth (Edinburgh: Canongate Books, 2006).

3. Richard Rohr, The Naked Now: Learning to See as the Mystics See (New York: Crossroad, 2009).

4. Samuel Butler 역, The Odyssey (Lawrence, Kans.: Digireads.com Publishing, 2009).

1. 인생의 전반부와 후반부

1. Abraham H. Maslow, "A Theory of Human Motivation," Psychological Review, 1943, 개정 증보된 그의 말기 저서들.

2. Ken Wilber, One Taste (Boston: Shambhala, 2000), 25-28. 윌버는 여러 곳에서 종교의 '옮겨주는'(translative) 기능과 참으로 '변형시키는'(transformative) 기능의 다른 점을 말하고 있는데, 그 가장 간결한 요약들 가운데 하나가 이 책이다. 종교는 위안을 주기 전에 마땅히 '황폐시켜야' 한다.

2. 영웅의 여정

1. Joseph Campbell, The Hero with a Thousand Faces (Princeton, N.J.: Princeton University Press, 1973).

2. Richard Rohr, Adam's Return: The Five Promises of Male Initiation (New York: Crossroad, 2004).

3. 전반부 인생

1. Eric Fromm, The Art of Loving (New York: Harper & Row, 1956), 43f.

2. Jerry Mander, In the Absence of the Sacred (San Francisco: Sierra Club Books, 1991).

3. 나선(螺旋) 역학(Spiral Dynamics)은 "모든 것을 해명한다"고 주장하는 인간 의식에 관한 이론이다. 실제로 그것은 어느 정도로 개인과 집단, 국

가 그리고 전체 세대가 자기들의 경험에 입각해서 듣고 처리하고 행동하는지를 이해하는 데 설득력 있는 도움을 준다. Piaget, Maslow, Fowler, Kohlberg, Clare Graves의 기초적인 작업에 병행하여 Robert Kegan, Don Beck, Ken Wilber 등이 '적분 이론'(Integral Theory)을 많은 정치적, 사회적, 종교적 토론의 한 부분으로 삼았다. '초당파적'(transpartisan) 사유는 의식의 더 높은 차원들을 말하지만, 많은 진보적 인사들이 여전히 '당파적'(bipartisan)인 것이 우리가 갈 수 있는 가장 높은 것이라고 생각한다. 나는 '비(非)이원적 사유'(non-dualistic thinking) 또는 '정관'(靜觀, contemplation)이라는 단어를 대강 같은 의미로 사용한다.

4. Richard Rohr, From Wild Man to Wise Man (Cincinnati, Ohio: St, Anthony Messenger Press, 2005) 73f.

5. Bill Plotkin, Nature and the Human Soul (Novato, Calf.: New World Library, 2008), 49f. 플로트킨은 그의 여덟 단계 발전 수레바퀴에서 초기 단계들을 대개 에고가 몰아가는 단계들로 본다. 더 깊은 자아 안에서 어떤 모양으로 '영혼의 만남'(soul encounter)을 경험하기까지 우리는 당겨진 영혼(soul drawn)이 되어 자신의 더 깊은 정체로 살 수 없다. 이는 입문(入門, initiation)에 관한 우리의 작업(M.A.L.Es)과 내가 이 책에서 다룬 주제들에 병행되는 탁월한 분석이다.

6. Bill Plotkin, Soulcraft (Novato, Calf.: New World Library, 2003), 91f.

7. Victor Turner, The Ritual Process (Ithaca N.Y.: Cornell University, 1977), 94f. 이 책은 '문턱'이라는 개념과 어째서 우리가 자기 인생의 '문지방'에 설 때 영적 변화, 변형 그리고 입문이 가장 잘 일어나는지를 처음으로 나에게 말해주었다. 그 뒤로 '문간 장소'는 입문에 대한 내 작업의 중요한 열쇠개념이 되었다. 많은 사람이 어떤 종류든 문간으로 들어서기를 피하고 순조로운 통제 상태를 지속한다. 그래서 아무 새로운 것도 발생되지 않는다.

8. Gerald May, The Dark Night of the Soul (New York: Harper Collins, 2004).

4. 삶의 비극성에 대한 감각

1. Miguel de Unamuno, Tragic Sense of Life (Mineola, N.Y.: Dover, 1954).

2. Richard Rohr, The Enneagram: A Christian Perspective (New York: Crossroad, 1999). 나는 인간의 동기와 행동을 설명하는 작업으로 근 40년 세월을 보내고 나서, 그것이 영적 방향을 정하는 데 도움을 주기 위하여 발견되고 재정립되었음을 확신하게 되었다. 그것은 당신의 '죄'와 당신이 받은 선물이 같은 동전의 양면이고, 그 가운데 어느 하나를 외면하고서는 다른 한 면을 볼 수 없다는 사실을 분명히 밝혀준다. 이 도구가 여러 인생을 바꿔놓았다.

3. Walter Brueggemann, Theology of the Old Testament (Minneapolis, Minn.: Fortress Press, 1999). 61f. 부루지만과 라이너 알버츠 교수에 의하면, "이스라엘의 종교와 그 텍스트들은 줄곧 복수(複數) 형태다."

5. 걸림돌에 걸려 넘어지기

1. Richard Rohr, Things Hidden; Scripture as Spirituality (Cincinnati, Ohio: St, Anthony Messenger Press), 195f. 프란체스코 수도자들에게 예수는 인간에 대한 하나님의 마음을 바꿀 필요는 없고 다만 하나님에 대한 인간의 마음을 바꾸기 위해서 오신 분이다. 우리가 모신 분은, 십자가 위에서 하나님의 영원한 사랑을 영원 전부터 보여주신, 우주적 그리스도다. 그러나 하나님은 우리를 사랑하신 데 대하여 어떤 '보상'(payment)도 필요 없으시다.

2. Robert Moore, Facing the Dragon (Wilmette, Ill.: Chiron, 2003), 68f.

6. 필요한 고통

1. Gerard Manley Hopkins, "That Nature Is a Heraclitean Fire and the Comfort of the Resurrection," Poems and Prose (New York: Penguin, 1984), 65f.

2. Thomas Merton, New Seeds of Contemplation (New York: New Directions, 1962). 참 자아(true self)와 거짓 자아(false self)라는 용어에 대한 머튼의 해설은 현대 영성의 기본어가 되었다. 그의 해설은 예수에 의하여 '죽어야' 한다고 언급된 자아가 무엇이며, 영원히 산다고 언급된 자아가 무엇인지를 명료하게 해준다.

7. 집과 향수병

1. Carl G. Jung, The Collected Works of C. G. Jung, vol. 1, Psychiatric Studies (Princeton, N.J.: Princeton University Press, 1980), 483.

2. Christiansen, Michael, Jeffery Wittung, Partakers of the Divine Nature (Madison, N.J.: Fairleigh Dickinson University, 2007). 내가 보기에 인격의 신성화(divinization) 또는 신격화(theosis) 과정은 그리스도교 메시지에 담긴 의미의 중심을 차지한다. 하지만 그것은 서양 교회들에 두려움을 안겨주었고, 그래서 발전되지 않았다.

8. 기억상실증과 큰 그림

1. Olivier Clement, The Roots of Christian Mysticism; Texts from the Patristic Era with Commentary (London: New City, 2002). 여러 번 읽을 가치가 있는 훌륭하고 심오한 이 책은 서양교회들이 얼마나 동양교회 교부들 또는 초기시대에 관한 연구를 하지 않았는지에 대하여 말한다.

2. William Wordsworth, "Intimations of Immortality from Recollections of Early Childhood," Immortal Poems of the English Language (N.Y:

Washington Square), 260f.

3. Philip Gulley, James Mulholland, If Grace Is True (New York: Harper Collins, 2004).

9. 두 번째 단순함

1. Joseph Chilton Pearce, The Biology of Transcendence (Rochester, Vt.: Park Street Press, 2002); Andrew Newberg, Why God Won't Go Away (New York: Ballantine Books, 2002).

2. Carmen Adevedo Butcher, The Cloud of Unknowing (Boston: Shambhala, 2009). 오래된 고전의 이 새로운 번역은 동일한 결핍으로 고통 받는 현대 근본주의와 무신론 양쪽을 이어주는 잃어버린 연결고리로 훌륭히 사용될 수 있다.

3. T.S. Eliot, "The Dry Salvages," Four Quartets (New York: Harcourt, Brace & World, 1971), 39.

4. Richard Rohr, Everything Belongs: The Gift of Contemplative Prayer (New York: Crossroad, 1999).

10. 밝은 슬픔

1. Augustine, Confessions, 10권 27, 대부분 나의 번역.

2. Thomas Merton, New Seeds of Contemplation (New York; New Directions, 1961), 297.

11. 그늘진 땅

1. '배우는 자면서 원로인 남자들' 또는 M.A.L.Es는 우리가 운영하는 남성 영성 프로그램인데, 남자들의 통과의례와 풍요로운 남성을 위한 프로그램을 제공한다. http://malespirituality.org

12. 새로운 문제들과 새로운 방향들

1. '행동과 묵상을 위한 센터'는 사회변혁을 위해서 일하는 사람들의 풍요로운 내적 삶을 돕기 위해 1987년 뉴멕시코 앨버커키에 설립되었다. 우리는 언제나 우리의 긴 이름에서 가장 중요한 단어는 '과'(and)라고 말한다. http://cacradicalgrace.org

2. Brian McLaren, Phyllis Tickle, Shane Claiborne, Alexie Torres Fleming, Richard Rohr, "Emerging Christianity"와 "Emerging Church." http://cacradicalgrace.org

3. Robert Sardello, Silence: The Mystery of Wholeness (Berkeley, Calif.: Goldenstone Press, 2008); Max Picard, The World of Silence (Washington, D.C.: Regnery Gateway, 1988).

4. Richard Rohr, The Naked Now: Learning to See as the Mystics See (New York: Crossroad, 2009).

마감

1. Thomas Merton, Collected Poems (New York: New Directions, 1977), 279f.

위쪽으로 떨어지다
Falling Upward
인생의 전반기와 후반기를 위한 영성

초판 1쇄   2018년 2월 19일
     2쇄   2020년 10월 20일

지 은 이 _ 리처드 로어
옮 긴 이 _ 이현주
펴 낸 이 _ 이태형
펴 낸 곳 _ 국민북스
편   집 _ 김태현
디 자 인 _ 서재형

등록번호 _ 제406-2015-000064호
등록일자 _ 2015년 4월 30일

주   소 _ 경기도 파주시 와석순환로 307, 1106-601 우편번호 10892
전   화 _ 031-943-0701
이 메 일 _ kirok21@naver.com
ISBN 979-11-88125-05-0 03230